DYNAMIK DER KREATION:

WORT

UND KÖRPERSPRACHE

von denselben Autorinnen:

* Expression corporelle. Mouvement et Pensée.
  Librairie Philosophique J. Vrin, Paris 1970

* L'Expression corporelle à l'Ecole.
  Lib. Phil. Vrin, Paris 1973

* Ecrits sur la Pantomime, le Mime, l'Expression corporelle.
  Lib. Phil. Vrin, Paris 1975

* Le fabuleux voyage aux pays de tout en tout.
  Lib. Phil. Vrin, Paris 1979

DYNAMIK DER KREATION:

WORT
UND KÖRPERSPRACHE

von
PINOK et MATHO

Verlag Ulrike Schortemeier, Köln

Titel der französischen Originalausgabe:
Dynamique de la Création: Le Mot et l'Expression corporelle.

Aus dem Französischen übertragen von
Ulrike Schortemeier.

Fotos von Francette Levieux.

meiner Mutter
　　Lucie BERTRAND

meiner Mutter
　　Mathilde DUMONT-DELMOTTE

© 1987　Verlag Ulrike Schortemeier Köln
Alle Rechte vorbehalten

Satz : Ingrid Horlemann Köln
Druck : Impressions Guineau Paris
Printed in France

ISBN　3-926769-03-3

INHALT

Präambel

Kleine Vorgeschichte 11

Eine besondere Form der Mime 13

Antworten auf eine oft gestellte Frage 15

Das Abenteuer der Kreation 18

Expression Corporelle — Zerrissenheit eines Begriffs .. 23

Ein magnetisches Feld 26

Material 28

Lehrweise 29

Spielregel 31

Der kreative Pädagoge 34

Die Wörter als Stimuli. Die Macht der Wörter 35

Erfahrungen. Etappen. Reflexionen 48

I. Wörter, die Übereinstimmung herstellen.
Wörter, die unmittelbar Bewegung auslösen 48

II. Substanz des Wortes. Wiedererweckung des Körpers.
Der Körper als Ort von Metamorphosen 58

— Versuche und Bemerkungen 58

— Der Materie Leben einhauchen. Den Körper wiederbeleben 66

— Subjektive Wirklichkeit 77

III. Zur Entdeckung der Stile, der Formen,
der Ebenen der Darstellung 105

— Jeu comédien, Mime d'évocation und Cosmomorphisme 105

— Arten und Tonalitäten des Spiels 114

— Übertragungsebenen 119

IV. In Richtung ausgearbeitete Kreation.
In Richtung kollektive Kreation 123

— Variationen über ein Wort als Thema.
Verzweigungen des Wortes 124

— Die Musik des Wortes. Die Stimme 127

— Variationen über einen poetischen Text 135

Schlußfolgerung 140

VORWORT DER ÜBERSETZERIN

In der immer länger werdenden Liste der Pantomime-Bücher liegt nun endlich das ANDERE Buch zum Thema ,,Pantomime" — exakter: ,,Mime" — in deutscher Übersetzung vor. Die Autorinnen, Pinok und Matho, durch Tourneen und Festivalauftritte dem deutschsprachigen Publikum wohlbekannt, verwandelten viele der Mime-Zuschauer in Mime-Studierende, die ihrerseits eine Metamorphose in Mime-Leser von Pinok und Matho seit langem anstreben, was bisher an den Haken und Ösen der französischen Sprache scheiterte.

Das Besondere am vorliegenden Buch ist zum einen, daß es kein — wie leider häufig der Fall — Rezeptbuch zur Illusionsmime ist; nicht einseitige Technik- und Ideenschubladen werden aufgezogen. Zum anderen wird — wie es auf den ersten Blick scheint — ein Paradoxon zum Thema genommen: das Wort, also Sprache, wird in Verbindung gebracht mit einer gemeinhin als sprachlos bekannten Kunstform. Das Wort — vom Urbeginn an Charakteristikum des Menschlichen — wird aus literarischer und philosophischer Sicht beleuchtet und zum Auslöser gewählt, um kreative und pädagogisch-psychologische Prozesse im Bereich der Mime darzustellen.

Das ,,Andere" war es auch, was mich — die ich als Rhythmikerin die rhythmische Basis in ihrer Arbeit wiederfand — zu den Künstlerinnen, Pädagoginnen und Menschen Pinok und Matho hinzog und schließlich zu deren Mitarbeiterin werden ließ.

Mein besonderer Dank gilt an dieser Stelle Elisabeth Schweitzer, Motor und Seele der Truppe ,,Pinok et Matho", seit langen Jahren verantwortlich für Organisation und technische Regie, die mich mit Eifer, Geduld und sprachlichem Einfühlungsvermögen bei der Übersetzungsarbeit unterstützte.

Ulrike Schortemeier

„Die Kunst entsteht aus der Faszination des Unfaßbaren, aus dem Willen, einer Welt, die der Mensch erträgt, ihre Formen zu entreißen — um ihnen Eintritt zu verschaffen in eine Welt, die er beherrscht."

André MALRAUX

PRÄAMBEL

KLEINE VORGESCHICHTE

Zwei Individuen treffen sich (1959). Kontext: ENSEPS, Sporthochschule, Paris. Sie beschließen zusammenzuarbeiten, zu kreieren. Akt der Freiheit, der Wahl, außerhalb der Institutionen. Aufgabe des Leistungssports für die eine, für die andere Abstandnehmen vom Tanz. Gemeinsame Neigung für das Theater, ein ganz bestimmtes Theater: magisch, surrealistisch; Tendenz zum Phantastischen, Ungewöhnlichen, Unverschämten, zum schwarzen Humor.

Das Studium bei den DECROUX ist Bestätigung und Offenbarung, eine neue Auffassung des Körpers: der zügellose Expressionismus wird hier ironisiert, der Körper stückweise ziseliert, das Unbewußte scheint ausrückbar. Das Studium ist streng, deckt die Möglichkeiten des Körpers auf, eines Körpers, der sich daran gewöhnen muß, die Geste zurückzuhalten, nicht, sich zu „ergießen", eines Körpers, der auf die Probe gestellt wird durch mögliche Metamorphosen: die des Muskelinnendrucks, die der Bewegungsrichtung. Je mehr der Körper „zurückgehalten" wird, bzw. je weniger Bewegungen er freimacht, umso „bedeutsamer" erscheint er und ist in der Lage, Variationen und Nuancen des „Bedeutsamen" zu produzieren.

Entdeckung der Reichtümer des Körpers, der sorgsam „entkrustet" wird, Entdeckung einer Übertragung der Realität, die uns nicht gerade mißfallen hat. Aber auch Ärger darüber, daß während der Improvisationen der größte Teil der Schüler sich eher wie Gymnastiker denn wie Darsteller verhält: sie bewegen sich gut, aber lösen nichts aus.

Wir verlassen die DECROUX mit Bedauern, schon mit unseren eigenen Arbeiten befaßt und entschließen uns, alleine weiterzumachen: Bedürfnis nach Autonomie, Flucht vor dem „Vater", vor dem Vorbild, das zu prägnant zu werden droht. Tastversuche, erste kleine Stücke. Wir arbeiten in unserer Freizeit, abends, sonntags. 1962 erste längere Vorstellung vor geladenem Publikum, 1964 spielen wir in einem richtigen Theater.

Erstaunte, scharfsinnige Kritiken: „Mimen — nicht wie die anderen... Intellektueller und tiefer Schock... Sie versuchen, einen Stil zu erneuern... Eigenartige Vorstellung, weit weg von Schul-Übungen, ein unaufhörlicher Strahl surrealistischer Träume, grausam oder possenhaft, hervorgebrochen aus den tiefsten Tiefen eines kollektiven Unbewußten, das kein Alter und keine Heimat hat... Eine Kunst, die danach strebt, eine Welt in ihrer Totalität wiederzuerschaffen, das Wesentliche eher als das Nebensächliche auszudrücken, die Atmosphäre eher als die Anekdote oder das Detail... Sie imitieren die Welt der unfühlbaren Wirklichkeiten... Immer wieder lassen sie Geschichten entstehen, die aus ihrem tiefsten Innern zu kommen scheinen... Clownerie, die uns auf einen Schlag demaskiert... Stiller und tiefer Gesang des Ariost, der den Zuschauer dazu zwingt, den Blick in sein Innerstes zu richten... Körpertheater, in dem die Körper das Unaussprechliche ausdrücken... Diese Körper zeigen uns alles von ihrem Innenleben aus... Kopfsprung in die Kloake unseres Alltäglich-Absurden, mit weit geöffneten Augen...", etc.

EINE BESONDERE FORM DER MIME[1]

Wir haben der Kritik und dem Publikum erneut bewiesen — die DECROUX hatten es schon gezeigt — daß die Mimenkunst sich aus dem Prosaischen, das ihr inhärent scheint — schon durch die Bezeichnung ,,Mime'' als solcher — entwickeln und ihre durch die Allgemeinheit gesteckten Grenzen überschreiten kann, indem sie über das Alltägliche hinaus die Hintergründe des Sichtbaren erreicht.

Wir entdeckten, daß das Spiel zu Zweit, das auf den ersten Blick begrenzt scheint, uns im Gegenteil zu Situationen eines neuen Typus hinführte im Vergleich zum alleine agierenden Mimen, der fast immer Zuflucht zur ,,mime d'illusion''[1] nimmt, um Räume zu schaffen, Objekte zu kreieren oder imaginäre Partner zu sehen.

Die Atmosphäre unseres Spiels erforderte selten diese ,,mime d'illusion'', wir benutzten sie allenfalls in bestimmten figurativen Sequenzen. Außerdem stilisierten wir realistische Handlungen aufs äußerste, damit sie eher Anspielung als Beschreibung würden. So zum Beispiel in ,,TEMPS DISTILLÉ'' (,,DIE VERRINNENDE ZEIT''), wo unsere Handbewegungen Aktionen wie Nähen, Spinnen, Weben suggerieren ohne sie wirklich zu imitieren; ursprünglich handwerkliche Gesten werden zu präzisen und minuziösen Bewegungen, die denen bestimmter Insekten ähneln.

Unsere Arbeit basierte vorwiegend auf der Relation zwischen zwei Darstellern, einer Relation, die eine Fülle möglicher Kombinationen zuläßt: Gegensatz, Gleichartigkeit, Alternierung, Dialog, Chor, Architektur zweier Körper im Raum.

Wir näherten uns immer mehr der ,,Surrealität'': das Anekdotische verschwand zum Vorteil des Raum-Zeitlichen, das fundamental mit Elektrizität, Spannung, Dramatik geladen war.

Die geschaffenen Räume wurden nicht beschrieben, sondern als Sekret unseres Innern suggeriert. Die Mime als ,,Ratespiel" verschwand hinter einer Mime, die immer weniger der Tradition verhaftet blieb und eine Synthese von Ausdrucksmöglichkeiten ganz unterschiedlicher Sparten bildete (Sport, Theater, Modern Dance, Mime). Die Themen unserer Stücke konnten, bedingt durch ihre Unterschiedlichkeit, Stiländerungen zur Folge haben, manchmal nüchtern und verhalten, manchmal expressionistisch oder lyrisch. Diese Art der Mime, orientiert an der Relation zwischen zwei Personen, führte einerseits zu konfliktgeladenen, komischen, absurden, phantastischen Situationen, andererseits zu einer Art zweistimmigen Gesangs oder zu symbolischen Formen vom Typ Parabel. Eine Mime in Ausrichtung auf die ,,Überschreitung des äußeren Scheins" (Traum, das Unbewußte).

Die Unterschiede zwischen uns (Körperbau, Temperament) halfen uns, hielten uns davon ab, in derselben Tonalität des Spiels zu verharren, zwangen uns, die eigenen, bevorzugten Gebiete zu verlassen — tragisch-pathetisch das Gebiet der einen, wahnsinnig-absurd das der anderen — indem wir Unmäßigkeit mit dem Wunsch nach Knappheit verbanden, Exzess durch Zurückhaltung ausglichen. Ständiges Gleichgewicht zwischen ungezügelter Ausuferung bei der einen oder anderen und der Kalkulation stimmiger Proportionen, die aus Sorge um die Wirksamkeit gewahrt sein wollten: **zurückhalten** um besser zu treffen, **zurechtschneiden** um besser zu konzentrieren, **dosieren** um besser zu rhythmisieren.

Jede Unstimmigkeit, jede Diskussion — weit davon entfernt uns zu trennen — brachte einen Fortschritt. Zwei entgegengesetzte Ideen ließen eine dritte entstehen.

Dieses **Hören** auf die andere, das ein Sich-Einlassen und guten Willen voraussetzt, diese Anstrengung, sich in einen konträren Gedanken einzufühlen, endete nicht mit einem Kompromiß: eigenartigerweise ergab sich mit der Zeit ein harmonischer Ausgleich, eine subtile Verschmelzung, und man hätte schwerlich sagen können, welches der Anteil der einen oder der anderen war.

Manchmal waren wir unmittelbar Komplizen. Eine totale Symbiose. Derselbe Elan, dieselbe Intuition leiteten uns und versprachen ein schnelles Ergebnis ohne Hindernisse und Widersprüche.

ANTWORTEN AUF EINE OFT GESTELLTE FRAGE.

Man fragt uns oft nach einer Aufführung: ,,Wo finden Sie diese Ideen, wie entstehen die Stücke?''

Schwierige Frage. Und eine verwickelte Antwort; denn es ist wahr, daß man nach Fertigstellung eines Stückes nicht mehr weiß, wie ,,das'' angefangen hat: die zeitliche Entfernung, die Streichungen, die Abzweigungen, die der Weg nehmen kann, lassen schließlich das ursprüngliche Projekt vergessen.

Mehrere Einstiege und Wege sind möglich:

1. Eine von uns trägt den Keim einer Idee in sich, ein Thema, das sie besonders mag und dessen Konturen oder dessen Stil sie vor sich sieht oder nur einige klare Bilder oder eine Atmosphäre; so war es in GERMINATION (KEIMEN) und in

DE LA FENÊTRE DU PASSÉ (VOM FENSTER DER VERGANGENHEIT).

2. Manchmal reift eine Idee langsam, unterirdisch, aufrechtgehalten durch Diskussionen, Visionen, die ausgesprochen werden, und findet ihre Verwirklichung erst Monate, oft Jahre später: siehe TOTEM. Diese lange Inkubationszeit zu Zweit scheint auf die Dauer ein Werk zur Vollendung zu bringen, das der ursprünglichen Vorstellung ähnelt.

3. Manchmal wird ein Projekt, das schon in Gang gebracht war, vollständig wieder aufgegeben zum Vorteil einer improvisierten Idee, die die ersten Versuche auslöscht und fast ohne unser Wissen auf eine unvorhergesehene Weise Gestalt annimmt. So bei TANGO AVEC LA MORT OU HAMLET ET HAMLET.

4. Es kann vorkommen, daß wir ohne Projekt sind. Eine offensichtliche Leere, das Nichts. Plötzlich fängt eine an zu improvisieren; Köder, Auslöser für die andere, die im Fluge die Gelegenheit ergreift, in das Spiel einsteigt oder es zerstört und damit in eine neue Richtung treibt. Ein ganzer Prozeß von Antworten, von Stimulationen schließt sich an. Der Sinn ergibt sich im nachhinein: Gesten, Situationen induzieren eine Idee, die vorangetrieben wird und sich präzisiert, um wieder neue Bewegungen auszulösen: DEUX SUR UN BANC (ZWEI AUF EINER BANK), CADEAU DE NOEL POUR ANNA (WEIHNACHTSGESCHENK FÜR ANNA).

5. Eine zufällige Geste, eine komische oder ungewöhnliche Bewegung lassen eine Silhouette oder Person erscheinen: LES COMMÈRES (DIE KLATSCHWEIBER).

6. Eine Improvisation mit Objekten — eine Treppe, eine Leiter, ein Hocker, ein Paravent. . . — läßt ohne vorher ge-

faßte Idee ein Thema oder eine Situation entstehen: HOMMAGE À FREUD (Ball, Stock, Stricke, Keule, etc.) ESPACES DU DÉSIR (RÄUME DES VERLANGENS) (Stoff).

7. Die Begegnung mit einem Gemälde oder einem Musikstück „katalysiert" das noch Unformulierte.

In all diesen Fällen ist es bald eine Idee, die in eine Bewegung umgesetzt wird, bald eine Bewegung, die eine Idee hervorruft. Ausgehend von der Idee bzw. von der Bewegung formiert sich eine Dynamik nach folgendem Modell:

Idee [2] → **Bewegung** oder **Bewegung** → **Idee**
und natürlich auch:
Idee → **Idee** oder **Bewegung** → **Bewegung**
am häufigsten ist:
Idee → **Bewegung** → **Idee** → **Bewegung**, etc...

Das kann sich kontinuierlich vollziehen: das Anfangsthema findet eine Weiterentwicklung; oder aber eine Bewegung oder eine Idee weicht von der ursprünglichen Idee ab, die sich daraufhin verändert oder ruft gar einen totalen Bruch hervor und erzeugt eine vollständig neue Situation.

Zusammenfassung:
A Anfangsprojekt — übereinstimmende Entwicklung.
B Anfangsprojekt — erfährt Abänderung oder Stilwechsel.
C Anfangsprojekt — wird radikal aufgegeben für ein anderes Projekt.

In dem Fall, wo ein Anfangsprojekt nicht existiert — wie unter Punkt 5. und 6. — führt die Dynamik Bewegung → Idee → Bewegung auf die Dauer zu einem Projekt, das sich dann auf die gleiche Art weiterentwickelt wie in der Zusammenfassung angeführt.

So nimmt die Kreation ihren Fortgang, indem eine Idee die Bewegung oder eine Bewegung die Idee erzeugt — eine alchimistische Operation, die schwerlich auf einen Nenner zu bringen ist — und nähert sich allmählich ihrer Vollendung durch: Turbulenzen, Anarchie, Gabelungen, Umleitungen, Assoziationen, Verschwendung, Luxus, Unnützes, Sackgassen.

> „Der Dichter erwacht im Menschen durch einen unerwarteten Vorfall, durch ein äußeres oder inneres Ereignis: einen Baum, ein Gesicht, ein Motiv, ein Gefühl, ein Wort. Bald ist ein Wille zum Ausdruck der Auslöser, eine Notwendigkeit, das zu übersetzen, was man fühlt; bald aber ist es im Gegenteil ein Formelement, eine Ausdrucksskizze, die ihre Ursache sucht, die nach einem Sinn im Raum meiner Seele sucht. . . Beobachtet gut diese mögliche Dualität: manchmal will sich irgendetwas ausdrücken, manchmal will ein Ausdrucksmittel irgendeiner Sache dienen."[3]

Es geschieht auch, daß flüchtige Gedankenblitze, nebelhafte Ideen, die, intensiv durchlebt während einiger Augenblicke, unformuliert bleiben und definitiv verloren scheinen, Jahre später wieder auftauchen und Konturen annehmen, obwohl man sie vergessen glaubte.

DAS ABENTEUER DER KREATION.

Der lebendige Ausdruck ist gewissermaßen **Abflug, Loslösung, Eindringen, Inbesitznahme.** Diese Wörter zeigen alle an, daß es sich um einen Übergang, ein Fließen, um Kommunikation handelt, sei es, daß etwas sich aus unserem intimsten Sein herauslöst, sei es, daß ein Trieb, der bis dahin unterdrückt oder gar ignoriert wurde, die Gelegenheit findet, sich zu offenbaren, sei es, daß — plötzlich befreit von jeder Sorge, jeder Spannung — das äußere Universum uns in Besitz nimmt, sich in uns widerspiegelt und uns selbst vergessen läßt; wir werden plötzlich mitgerissen, emporgehoben durch eine Erinnerung an Schönheit, durch ein flüchtiges Über-Bewußtsein von Tragik, von Grausamkeit, durch einen unwiderstehlichen Drang zur Schwerelosigkeit, zum Anderswo.

Außergewöhnliche Augenblicke, in denen der Mensch sich gleichzeitig als **bewegt** und **sich bewegend** empfindet, **beweglich** und **Bewegung auslösend**, **vorwärtsgetrieben** und **angesogen**, als **er selbst** und **der andere**, als **Einheit** und **gespalten**, als **Abbild** und dessen **Negativ**. Diesen Augenblicken kurzer Erleuchtung folgt eine Ernüchterung: was gerade noch so außerordentlich, so offensichtlich, so perfekt war im Banne der Emotion, eine Art **Übertragung**, eine **Trunkenheit** der Seele, erscheint uns jetzt erkaltet, entrinnt uns fast, wirkt plötzlich banal, unrein, matt, oder unwiederbringlich verloren.

Das ist der Moment, wo alles wirklich beginnt, wo eine Verbissenheit von uns Besitz ergreift, diese Skizzen festzuhalten. Der lebendige Ausdruck ist nur das Präludium zu einem aufregenden Abenteuer, das man eigentlich nicht auf Begriffe wie: Formgebung, Organisation, Strukturierung reduzieren dürfte. Diese Worte sind so kalt, daß sie annehmen lassen, der kreierende Mensch löse sich von Materialien, die sich außerhalb seiner selbst befinden. Im Falle der gestischen Kunst ist das ,,Material'' in seiner Wesenheit flüchtig, unwiederbringlich in seinen raum-zeitlichen Dimensionen: wenn ich in der Phase der Improvisation eine Geste erfinde, müßte ich sie wiederfinden können, womöglich mit seinem ursprünglichen Maß an Emotion, um sie definitiv festlegen zu können. Wenn ich mich dann im Spiegel beobachte, sehe ich vielleicht die Linie, aber ich verliere das **Quantum**, die eigentliche Essenz der

Geste, weil ich mich **spielen sehe.** Nur das Auge eines anderen oder das einer Kamera kann das erfassen, was ich selbst nicht erfassen kann, wenn ich mich nicht beobachte.

Selbst wenn der Augenblick gekommen ist, dem **Objekt** gegenüber, das im Entstehen begriffen ist, einen Rückzug zu vollziehen, so ist doch dieser Rückzug nie leidenschaftslos. Man kann von einer Distanzierung sprechen, niemals aber von einer Gleichgültigkeit. Der kreierende Darsteller arbeitet im ,,Fieberwahn'', außer während bestimmter Wiederholungen, um eine Abfolge im Gedächtnis zu bewahren.

Der Drang zur Kreation, der auf den Aufruhr der Improvisation folgt, vollzieht sich ebenso fieberhaft, gepaart mit der ständigen Furcht, die Kraft des ersten Entwurfs werde abkühlen, verraten oder kastriert.

Versuchen wir, den Prozeß der Reifung von der Improvisation zur abgeschlossenen Realisation einzukreisen.

In der ersten Phase sind **Aufbrausen, Aufruhr, Impuls, Sich-Loslassen, Überfluten,** ein Hin und Her von Stimulationen, Dialoge mit Schlagabtausch und Widersprüchen herrliche Momente der Freiheit, zweckfreie Akte; alles wird möglich: ein Universum, das durch unsere Fantasmen hervorgerufen wird, unendliche Variationen um eine verdrehte, verschönte, hypertrophierte Realität.

Zweite Phase: Das Material, das uns lebensfähig erscheint, wiederfinden, sammeln; erneute Rückkehr zur Improvisation, wieder sammeln — und auf diese Weise so lange fortfahren wie es nötig ist.

Dritte Phase: Wenn das Material reichlich genug vorhanden scheint, die Montage, die Synthese ins Auge fassen. **Reinigen, verwerfen, bestätigen,** die Dauer **messen,** die Form, die Verbindung der Linien **präzisieren,** den Raum durch kalkulierten, in der Dauer festgelegten Klang **dramatisieren.**

Diese Phase der Ausarbeitung erweist sich als ebenso exaltierend wie die der Improvisation: wir sind die Meister der Wendungen, die die Ereignisse nehmen werden, wie Chemiker oder Alchimisten, die dosieren, hinzufügen, wegnehmen, mehrere Mischungen versuchen, die Klänge erproben, die Gesten, die Verhältnisse der Dauern, das Zusammengehen oder Alternieren von Klang und Geste.

Der kreative Akt entwickelt sich also innerhalb einer langen Zeitspanne, Zeit, die notwendig ist, um — eine Anzahl von Improvisationen zu produzieren, vielmehr eine Überzahl, weil viele von ihnen nicht verwendet werden, bzw. wenig verändert einige Jahre später wieder auftauchen, indem sie natürlich ihren eigenen Platz finden und in diesem Augenblick ausgewertet werden — und um einem anarchistischen Aufruhr eine Zukunft zu geben, die nicht durch den bloßen Zufall bestimmt sei.

Im Laufe der Etappen, die in Intervallen von einigen Tagen aufeinander folgen und sich manchmal über ein Jahr für ein einziges Stück erstrecken, pendelt das zu behandelnde Thema permanent zwischen zwei Seinsweisen: **in** seinem Körper oder **außerhalb** seines Körpers.

In seinem Körper in dem Augenblick, da es zu seinem Körper **wird,** belebt durch die Geste, die aus der Emotion ersteht oder durch die Geste, die sich aus der Idee ableitet: der Körper ist **bewohnt, eingenommen, hineingezogen,** der Körper nimmt auf, gibt weiter, der Körper **ist bewegt — wird bewegt. Außerhalb** seines Körpers in Momenten wie: notieren, sich erinnern. **In** seinem Körper, wenn es versucht, die einmal gefundenen Sequenzen zu reproduzieren und ihnen wieder Leben einzuflößen — der lebendige Ausdruck der ersten Improvisationen, der schnell erkaltet, ist immer schwer wiederzufinden; man wundert sich einige Tage später, das was kostbar, einzigartig, genial erschien, plötzlich als „platt" zu empfinden. Wiederum außerhalb seines Körpers in der Phase: kritischer Blick (was wird behalten? was wird verändert?), Korrekturen vor dem Spiegel.

Und so macht sich jede Kreation auf ihren Weg zur Reifung durch ein Wechselspiel von **impulsivem Tun** und **reflektiertem Tun** und auch das ist ein Akt der Freiheit. Ein Ausdruck, der **bewußt, gewollt, beherrscht, geformt** ist, wird exakt bis zu dem Punkt geführt, wo er mit mir in Einklang und für andere klar ist.

Dieser Stempel, den der kreierende Mensch der Materie aufdrückt, Linie, Gestaltung, persönliche Prägung, Erkennungszeichen, das ist er selber. Es ist der Weg zum Werk hin, es ist die eigene Art und Weise, die Materie anzufassen, zu zermalmen, umzubilden, durch die der Künstler sich offenbart. Mehr noch als das behandelte Thema ist es die endgültige Form, die uns den Blick, die Absicht, die Vision des Künstlers offenbart: der Stuhl von van Gogh berührt uns nicht, weil er Stuhl ist, sondern weil es der Stuhl ist, den van Gogh gesehen hat, übernatürlich mit einer **anderen** Bedeutung belegt.

Die Zweiteilung von **Form** und **Inhalt,** die oft von nicht Schaffenden, von Ästheten, Psychologen, Kritikern vollzogen wird, hat überhaupt keine Bedeutung für den kreierenden Menschen, weil das geschaffene Objekt nur existiert, wenn es definitiv geformt ist, und zwar in dem Moment, wo sein Schöpfer nach einer Periode des Zögerns und der Unsicherheiten weiß — oder fühlt? —, daß es nichts mehr zu verbessern gibt, daß sein Objekt jetzt außerhalb seiner selbst steht, vollendet, autonom ist.

„Das eine verkennen zum Nachteil des anderen heißt zwei Dinge entgegensetzen, die eigentlich untrennbar sind. Die Form kann nur dann ihre wahre Dichte realisieren, wenn der Inhalt seine Fülle erreicht hat; umgekehrt bedeutet das, daß dieser Inhalt, den die Form trägt, erst in dem Moment mitteilbar, d.h. bedeutsam wird, in dem die Form vollendet ist. Ist das nicht der Fall, entsteht ein Ungleichgewicht, ein Fehlschlag."[4]

EXPRESSION CORPORELLE —
oder DIE ZERRISSENHEIT EINES BEGRIFFS.

Der Begriff Expression Corporelle ist nicht neu; er wurde schon in der 1923 von Jacques Copeau gegründeten Schule des „Vieux Colombier" benutzt.

Wir haben ihn ab 1954 wiedereingeführt in der Lehrerausbildung, dann wiederum in den 60er Jahren im Bereich der Leibeserziehung, und zwar in dem Moment, als wir unsere ersten Stücke kreierten und natürlicherweise den Wunsch hatten, den Inhalt neu infrage zu stellen ebenso wie die Pädagogik einer Bewegungskunst, die zu jener Zeit ausschließlich auf den Tanz ausgerichtet war und sehr wenig auf Kreativität basierte.

Das Studium der Mime auf der einen Seite, die persönliche Kreation auf der anderen Seite, der Kontakt mit Kindern und Studenten, die experimentelle Arbeit im TEMP[5] haben uns zu einer umfassenden und langwierigen Reflexion über das Thema **Materie** der Expression Corporelle und deren **Methode** oder pädagogischen Haltung geführt.

Dieser Begriff EXPRESSION CORPORELLE — mehr als die Worte MIME oder TANZ — schien zu unserer Freude den Versuch der „Entmumifizierung"[6] eines Individuums zu bezeichnen, das eingefroren war in Techniken und Reproduktion.

Der Begriff verwurzelte die Bewegungskunst im Leben, im Konkreten, ließ eine Rückkehr zu lebendigen Quellen spüren, zur Emotion, zur Spontaneität. Zusätzlich verstanden wir darunter einen Körper, der sich wohlfühlt, sich einfühlt, der geschickt ist und der schließlich beherrscht wird, um mehr ausdrücken zu können. Durch unsere Ausbildung zu Sportlern und zu Mimen kannten wir den Preis der Anstrengung, des Willens, kannten wir die Widerstände und die Trägheit der Muskeln. Wir wußten auch, daß, wer ,,zu viel ausdrücken will, nichts ausdrückt''.

So ließen wir allmählich eine bestimmte pädagogische **Lehrweise** heranreifen, die anfangs hin- und hergerissen war zwischen der Spontaneität und der formalen Perfektion, und die heute eine Art Gleichgewicht gefunden hat, indem sie subtiler das eine dem anderen angepaßt hat und jetzt ihre eigenen Wege findet.

Mireille André-Fromantel, Professorin für Tanz an der Sporthochschule Paris, Tänzerin bei Janine Solane (1938—1946), bewirkte als Vorläuferin seit 1936 Schritt für Schritt eine Erneuerung des Tanzes im schulischen Bereich. Ihre geistige Offenheit, ihre Intuition und ihre unermüdliche Suche, die sie auch ins Ausland führte, wo sie zahlreiche Kurse besuchte (bei Laban, Kurt Joos, Mary Wigman, Rosalia Chladek, Kreutzberg, etc. . .), ließen sie schließlich in ihrem Unterricht eine intelligente und persönliche Synthese zwischen modernem europäischem Tanz, klassischem Tanz und rhythmischer Erziehung verwirklichen. In einer Epoche, als man in der offiziellen Ausbildung nur von rhythmischen Tänzen sprach, organisierte sie erste Kurse, die im Bereich der Universität und Hochschule dazu beitrugen, den Modern Dance, den Jazztanz und die Expression Corporelle zu verbreiten. Ihre Großzügigkeit, ihr Anti-Sektierertum, ihre persönliche Ausstrahlung halfen uns, die Idee einer Bewegungskunst zu konzipieren, die wegging von untereinander abgegrenzten Cliquen und Methoden, um allgemeine Probleme zum Inhalt, zum Stil, zur pädagogischen Lehrweise anzugehen.

Unsere TEMP-Gruppe, junge Schauspieler und Studenten, erlaubte uns außerhalb von Institutionen die Verbindung Körperbeherrschung und Kreativität ins Auge zu fassen, die Funktion der Kreativität innerhalb der Gruppe zu studieren, Themen zu vertiefen und neue zu entwickeln.

Vorträge, Vorführungen und Kurse folgten aufeinander und multiplizierten sich innerhalb Frankreichs und im Ausland. Eine Serie von Kursen und Vorträgen in Kanada ermutigte uns, unser erstes Buch zu schreiben, Reflexionen über eine Anzahl von Arbeiten, die wir seit 1960 in Angriff genommen hatten.[7]

Heute, und vor allem seit dem Jahre 1968, das die Sprengung bestimmter, bis dahin unantastbarer Werte erlebte, wird der Begriff Expression Corporelle aufgespalten zwischen Praktikern der Bewegung, Psychologen und sogenanntem Avantgarde-Theater, ist er sinnentleert, ein Rumpelkammer-, ein Abfalleimer-Wort. Man weiß nicht mehr, was es bedeutet und welche Gebiete es abdeckt. Jede Körpertechnik wird zur ,,Expression Corporelle", umgekehrt wird das größte laisser-faire ebenso ,,Expression Corporelle" genannt.

Ohne in eine Polemik eintreten zu wollen, was an dieser Stelle nicht unsere Absicht ist, geben wir uns mit dem Gedanken zufrieden, daß der maßlose Gebrauch des Begriffs der Grund für seinen Zerfall und auch für seine Abnutzung ist. Sagen wir ihm dennoch Dank: wenn er auch schlecht gealtert ist, wenn er auch als Alibi dient für befreiende Strömungen, wird er dennoch nützlich gewesen sein, als er in Unruhe versetzte und wird die Aufmerksamkeit der Universitäten und Psychologen auf die Fähigkeiten des Körpers, die von jenen manchmal wie Zauberlehrlinge wiederentdeckt wurden, gelenkt haben.

Wenn das Wort damals verwirrt hat und heute noch Anziehungskraft besitzt, heißt das, daß es vielleicht zu verführerisch ist.

Für uns, die daraus einen Beruf machen — nicht etwa eine Therapie oder Praktik nach neuestem Geschmack — bedeutet Expression Corporelle, und in diesem Punkt waren wir nie anderer Meinung, die Vorstufe zu einer Bewegungskunst, die Freiheit und Gebundenheit, Spontaneität und Handwerk verbindet. In dieser Ausgabe werden wir aber aus oben genannten Gründen lieber von einer KREATIVEN AKTION sprechen und über Erfahrungen berichten, die wir selbst, die jungen Leute des TEMP und unsere Kursteilnehmer erlebt haben. KREATIVE AKTION bedeutet gleichzeitig **lebendige** Kreation, spontan, aus dem Augenblick heraus, und **ausgearbeitete** Kreation, auf lange Sicht, aus der Distanz heraus geboren.

EIN MAGNETISCHES FELD.

Wir haben im Abschnitt ANTWORTEN AUF EINE OFT GESTELLTE FRAGE die Aufmerksamkeit des Lesers auf die Zweideutigkeit von schöpferischem Elan und schöpferischem ,,In-Gang-setzen'' gelenkt: manchmal sucht ein

Ausdruckswille nach seiner Ausformung, ein anderes Mal forscht eine formelle Skizze nach ihrem ,,Objekt" (Grundlage, Idee, Thema) zur Sinnfindung und Entwicklung.

Gehen wir von der Idee aus, daß die kreative Aktion von jedem x-beliebigen Subjekt oder Objekt, das uns zur Aktion führt, ihren Ausgang nehmen kann, dann wird unsere pädagogische Wahl sein, konstruktiven Handlungen den Vorzug zu geben, die auf einem **dichten** Konzept basieren und alle Möglichkeiten des Individuums mobilisieren, ihm seine Fähigkeiten, aber auch seine Unzulänglichkeiten offenbaren.

Der Unterrichtende hat die Funktion eines **dynamisierenden** Agens: durch ihn hört der Raum auf, ein ,,leeres, unpersönliches Feld"[8] zu sein und wird zu einem ,,sinnbewohnten Ort"[8].

Während seiner ersten Kontakte mit der Gruppe wird er bemüht sein, ein **magnetisches Feld,** ein **fruchtbares Milieu** zu schaffen, in dem die Gruppe oder das Individuum sich in einer Atmosphäre des Vertrauens entwickeln kann. Und das kann man nicht aus Büchern lernen.

Das gestellte Thema bedeutet, wie wir sehen werden, keine Beeinträchtigung der Freiheit des Ausdrucks: es setzt den Prozeß der kreativen Aktivität in Gang, mobilisiert den Menschen als Ganzheit, beschleunigt das Hervorbringen von Bildern, provoziert einen Traumzustand und hilft den Wunsch nach Ausdruck herauszukristallisieren, Ausdruck, der — vage oder latent vorhanden — jetzt Fundament und Konturen erhält.

In eine Situation gestellt kann das Individuum oder die Gruppe nicht passiv oder gleichgültig bleiben.

Bewegt und **bewegend, getrieben** und **angezogen, aktiviert** und **treibend, provoziert** und **reagierend.**

Aus den Wassern der Stagnation hinausgestoßen.

Die Dynamik Idee → Bewegung wird geboren, die das Individuum oder die Gruppe nach ihrem Ermessen leitet und die ihren einzigartigen Weg einschlägt.

Das Alltagsdasein, die Routine, die strikte Zeiteinteilung lassen nur wenig Platz für Kreativität. Geist und Körper laufen Gefahr, in Automatismen zu erstarren. Die kreative Aktion bricht die Passivität, sie taucht in sich selbst ein, stellt in Frage, und erweitert das Alltägliche zu Dimensionen des Universums.

Die traditionellen Studien geben nur selten Gelegenheit oder Mittel sich auszudrücken. Die in uns schlummernden kreativen Anlagen müssen wieder an die Oberfläche kommen und voll ausgeschöpft werden.

So wie die Dinge jetzt stehen, sind wir zu der Auffassung gelangt, daß die Idee eines **Trainings zur Kreativität** verwirklicht werden muß, ausgehend von sehr unterschiedlichen Fragestellungen und mit der Vorstellung einer Dynamik der Kreation, die in keinem Punkt einem authentischen Ausdruck des Individuums widerspricht, eines Individuums, das sich seiner eigenen Fähigkeiten angesichts eines Themas, dessen Elastizität es sehr schnell erkennt, bewußt ist.

MATERIAL

In einer früheren Veröffentlichung, MOUVEMENT ET PENSÉE, haben wir eine Anzahl von Themen erwähnt, die zur Erforschung, zu spontaner oder differenzierter Kreation auffordern. Wir unterscheiden aus Gründen der Klarheit 3 Kategorien:

A) *Reine, abstrakte Bewegung,* losgelöst von jeder Bedeutung a priori, hinführend zu einer Erforschung des Körpers, zu einer Entdeckung des Möglichen, nahe einer mathematischen oder kinästhetischen Reflexion:

Beispiel: Möglichkeiten des Bewegungsansatzes, Formen im Raum, Unterschiede in der Spannung, etc. . .

B) *Reaktion auf ein Stimulans,* das spontane Aktionen hervorruft:

— Klänge, Geräusche, Stimmen, Rhythmen, Melodien;
— Wörter, Textfragmente, Gedichte;
— visuelle Stimuli: Licht, Farben, Formen, Zeichnungen, Gemälde, Skulpturen;
— bewegliche Objekte (Stoff, Stühle, Seile, Fächer. . .) oder feststehende Objekte (Sprossenwände, Balken, Teppiche. . .);
— ungewöhnliche Sichtweise: Gebrauch von Räumen, die normalerweise eine genaue Funktion innehaben (Dusche, Flur, Aufbauten und Sitze eines Theaters. . .).

C) *Bezug zur Realität. Dimensionen des Alltäglichen.*

— Jeu comédien[9]: Gefühle, Stimmungen, menschliche Befindlichkeiten. . .
— Evocation[10]: Betrachtungsweise und Darstellung des Universums.
— Comomorphisme [11]: Tierwelt, Pflanzenwelt, Elemente, Naturphänomene, etc. . .

LEHRWEISE

Diese Einteilung ist als Hypothese anzusehen und versucht, einen Fächer von Vorschlägen auszubreiten. Sie ist sicher nicht erschöpfend, kann aber für eine Zeit Anregungen geben.

Der Unterrichtende, der ,,Animateur'', findet darin nur das **Material,** nicht aber die **Lehrweise.**

Alles liegt in der Lehrweise. Eine alte Weisheit, die aber immer noch gilt.

Eine Unterrichtsveranstaltung zu leiten, die auf Kreation ausgerichtet ist, ist nicht einfach.

Viele begnügen sich damit, ein Thema als Stoff einzugeben und zeigen dann kein Interesse mehr. Wenn das Ende der Veranstaltung näherrückt, schaut man sich an, was entstanden ist und geht auseinander.

Manche schlagen nichts vor und warten ab, was geschieht, ,,klinischen'' Blickes. Voyeure.

Der Unterrichtende kann andere Interessen haben.

Und auch Ziele vor Augen.

Und auch Anforderungen stellen. Und die Fähigkeit haben, sich immer wieder zu wundern, genährt durch die Kreation. Und Leidenschaft; wenn nicht, wäre der Computer ein besserer Lehrmeister.

Die Schwierigkeit seiner Aufgabe besteht darin, ein Gleichgewicht zwischen seinem Eingreifen und seinem Rückzug zu finden.

Die Fähigkeit haben, nicht oder im richtigen Moment einzugreifen. Den Ball im Sprunge auffangen, ihn zurückwerfen, sich wieder zurückziehen.

Instinkt, Wachsamkeit, Takt bewirken mehr als Wissen.

Und Großzügigkeit, Wärme.

Distanziert und unanfechtbar irritiert er und wird isoliert, wird empfunden als Voyeur, Richter, Fachidiot.

Zu dirigistisch oder bemutternd behindert er, stört, zerstört.

Jede Dosierung ist eine delikate Angelegenheit: man tut zuviel oder nicht genug.

Der sensible Pädagoge fährt seine Pseudopodien aus oder zieht sie zurück. Er macht sich zur Amöbe.

Was seine Zielsetzungen anbelangt, so sind sie abhängig von der Gruppe oder sogar von einem einzigen Individuum, sie sind variabel und erfordern keine Reglementierung.

Wenn er redlich ist in seinem Metier, wenn er Wissen besitzt, hat er ein Recht darauf, Ansprüche zu stellen und anderes sehen zu wollen als ,,irgendetwas und irgendwie''.

SPIELREGEL.

Wenn man einem Anfänger lediglich sagt: ,,Tanze zu dieser Musik'', was kann er tun?

Wenn man zu demselben Anfänger sagt: ,,Hier ist ein Hocker. Drücke dich damit aus.'', was kann er sagen?

Zuviel Freiheit erdrückt, fesselt.

Das Verschwommene, Leere, bietet keinen Anhaltspunkt, keine Greifbarkeit.

Der Geist verirrt sich, verwirrt, der Körper bleibt in seinem Schneckenhaus.

Oder man nimmt extreme Verhaltensweisen an, wird aggressiv oder prostituiert sich.

Die Regel gibt Sicherheit: gleichzeitig lockt sie an, zähmt und löst.

Begrenzen heißt schon das zu erlauben, was nicht verboten ist.

Wenn ihm Mut gemacht wird, erwärmt sich der Geist, der Körper wird lebendig und erfinderisch.

Kehren wir zurück zu unserem Anfänger und stellen wir uns einige Regeln oder ,,Zwickmühlen" vor:

a) der Hocker bleibt am Platz: Bestandsaufnahme aller möglichen Relationen Körper-Hocker (sitzend, liegend, oberhalb, unterhalb, darum herum);

b) die Berührung: verschiedene Möglichkeiten des Berührens finden: mit der Hand, mit unterschiedlichen Körperzonen;

c) das Sich-Nähern oder das Vorbeigehen. x Möglichkeiten finden;

d) der Hocker wird zum Hindernis zwischen zwei Personen; Arten der Kommunikation, des Treffens;

e) x Arten sich zu setzen oder zu sitzen;

f) x Personen, x Hocker: man sitzt nicht gut, möchte immer den Hocker des anderen haben;

g) x Personen, x-1 Hocker;

h) x Personen sitzen mit dem Rücken zum Publikum auf x Hockern. Variationen der Stimmung durch Dynamik und Form des Rumpfes; diese Stimmungen müssen für das Publikum sichtbar werden;

i) kommunizierende Röhren: x Personen sitzen in neutralem Zustand. Eine Person A tritt ein und überträgt ihre Stimmung auf die x Personen, die sitzenbleiben. A geht, eine neue Person B tritt ein, etc. . .;

j) die Hocker bekommen eine andere Bedeutung und können manipuliert werden. Kollektivimprovisation; etc. . . etc. . .

Wenn man es mit Fortgeschrittenen zu tun hat, kann die Spielregel anspruchsvoller werden und ein Können voraussetzen, das das jeu comédien nicht ausschließt.

Improvisation zu Zweit (1 Mädchen, 1 Junge). Thema: verliebtes Duo. Jedes Paar bekommt dieselbe oder jeweils eine andere Anweisung.

1. Dialog als Frage — Anwort: Bewegungen im décéléré[12], die Form ist frei.

2. Simultane Annäherung. Dynamik: ,,antenne d'escargot"[13].

3. Dialog: Person A, aktiv, löst durch Kontakt eine Antwort als ,,fondu"[14] der passiven Person aus.

4. A und B stehen weit entfernt voneinander, sehen sich. Bewegungsart frei, Füße bleiben fixiert am Boden.

5. A und B, weit von einander entfernt, schauen sich nicht an, aber sehen sich in Gedanken.

6. Dialog im ,,composé dessiné"[15] wie zwei Statuen, die sich vom Platz bewegen können.

7. Dialog mit Technik ,,serpent"[16], Kopf führt die Bewegung an.

8. Zusammenspiel, der Rumpf bleibt geradlinig. Etc...

Die Einschränkungen sind augenscheinlich, doch gerade daraus entstehen erstaunliche Momente voller Poesie: Man entfernt sich vom Realismus, um eine bestimmte Übertragungsebene zu erreichen. Liebe wird nicht übersetzt durch sinnliche Umarmung, wie man es meistens im Kino sieht, sondern durch Anziehung, Aufforderung, Traum, Hingabe, Subtilität, Fatalität.

Die Stundenten fühlen sich bei dieser Art von Arbeit nicht ungerechtfertigt eingeschränkt: sie stellen fest, daß man als Darsteller trotz der Regeln die Möglichkeit hat, die Bewegung zu beleben, daß die Regel sie dazu führt, andere Bewegungen auszuführen und zu entdecken als die, die sie spontan skizziert hätten. Ihre Reaktionen sind reicher, ohne Banalität, surrealer.

Die Schwierigkeit der Anweisung wirkt wie eine Provokation auf die schon ein wenig Geübten. Körper und Geist werden sofort in Gang gesetzt, bewegt. Ein ganzes Feld von Möglichkeiten öffnet sich den Studierenden, das sie durch eine „wilde" Improvisation nie entdeckt hätten.

Man kann sagen, daß die Anweisung die Eigenschaft einer Dekonditionierung des Individuums erfüllt. Ohne sie würde der Einzelne dazu neigen, stereotype Antworten zu liefern, die gängigen Normen oder Kulturmustern entsprächen.

Alles natürlich unter der Voraussetzung, daß diese Anweisungen gewechselt werden und daß sehr unterschiedliche Anweisungen erfunden werden.

DER KREATIVE PÄDAGOGE.

Vorschlagen. Erneuern. Erfinden.

Horchend. Aufmerksam. Wachsam.

Suggerieren. Stimulieren. Tragen. Weiterbringen. Mit Diskretion.

Das richtige Wort am richtigen Platz. Jeder ist anders. Schüchterne. Hast du mich gesehen. Empfindliche. Systematische Zweifler.

Entwickeln lassen. Einen Gegenpol zur Erstarrung und Routine bieten.

Je nach Beschaffenheit der Gruppe und der Lösungen, die gefunden werden, muß der Unterrichtende andere Vorschläge erfinden, neue Perspektiven entdecken.

Eine vornehme, eine mühsame, eine manchmal undankbare Aufgabe.

Die Existenz des Schülers darf allerdings nicht den Tod des Unterrichtenden zur Folge haben.

„Ein Wort kreist durch das Dunkel
und bauscht die Vorhänge auf."

Louis EMIÉ[1]

DIE WÖRTER ALS STIMULI
DIE MACHT DER WÖRTER

Als wir uns entschlossen hatten, alle Materialien zu sammeln — Themen, die wir als Ausgangspunkt der Kreation in zahlreichen Kursen und im TEMP benutzt haben — waren wir überwältigt von deren Vielzahl, ihrer Beschaffenheit und ihrem Grad an Zugangsmöglichkeit (diese Themen variierten je nach Niveau: Anfänger — fortgeschrittene Anfänger — Fortgeschrittene).

Unser Wunsch nach schriftlicher Darlegung des Weckens kreativer Aktivität konnte sich nicht mit einer Aufzählung von Vorschlägen und Empfehlungen zufriedengeben. Wir wollten so weit wie möglich eine Verbreitung von Rezepten und Schnellverfahren, die, so wie sie sind, konsumierbar wären, vermeiden. Auch haben wir keine Lust auf eine Systematik. Wir liefern hier einen Zugang, der — anfangs noch suchend — zu durchdachten Schritten, zur Arbeitsmethode wurde. Wir versuchen, einen Prozeß sichtbar zu machen, zu zeigen, wie ein Pädagoge in einer Forschungssituation nach und nach dahin gelangt, von einem einfachen Vorschlag aus zu einer unendlichen Anzahl anderer Aufgabenstellungen zu kommen.

Wenn letztendlich unser Vorhaben ist: wie bringe ich einen anderen dazu, kreativ zu sein?, lautet unsere Antwort: durch einen konstant erfindungsreichen Pädagogen.

Dieses Buch dient als Beispiel, nicht als Modell. Jeder Unterrichtende, der selber kreativ ist, kann Material finden, um seine ,,legitime Eigenart" (,,étrangeté légitime[(2)]) zu entwickeln und gleichzeitig die ,,legitime Eigenart" des anderen bewahren.

Dieses Buch stützt sich auf eine Beziehung Lehrender — Lernende, die gegenseitigen Respekt und Vertrauen voraussetzt, brüderliche Zusammenarbeit, Offenheit und Bereitschaft auf beiden Seiten.

Wir mußten eine Auswahl an Materialien treffen, uns folglich einschränken. Anschließend die verbliebenen Themen ordnen, vom Einfachen zum Komplexen, die Entwicklung eines Themas aufzeigen oder dessen Aufspaltung in untergeordnete Themen, wir mußten zum Zentrum der Kreation vordringen und deren unaufhörliche Dynamik fühlbar machen, die Art und Weise verdeutlichen, wie ein einfacher Vorschlag Verbreitung und Vermehrung erfährt durch:

- die subjektiven Lösungen unterschiedlicher Individuen, jede einzigartig;
- die erfindungsreiche Präsenz des Pädgagogen, der häufig dazu neigt, seine Vorschläge an unabänderlichen Verfahrensweisen zu fixieren;
- eine ständige Interferenz zwischen Lösungen und Aufgaben, wobei die Aufgaben aus den Lösungen entstehen: wegen, trotz, in eine neue Richtung führend, etc. . .

Wir haben uns hier freiwillig beschränkt auf Spiele und Arbeiten ausgehend vom WORT, von WÖRTERN.

Diese Wahl kann denjenigen paradox erscheinen, die die Körpersprache diesseits der Sprachstruktur oder diesseits je-

Die Geheimnisse des Schlafes

Der Jünger (Matho)

Der Jünger (Pinok)

Die Göre Catch-catch

der Struktur ansiedeln.

Diese Leser sollten uns Vertrauen schenken, bevor sie Kritik üben. Unsere ersten Versuche, mit Wörtern zu arbeiten waren zunächst ein Akt der Neugier. Aus einem Versuch geht ein anderer hervor, die Quelle wird zum Bach, dann zum Fluß; wir waren wirklich erstaunt. Die Reflexion und das Einordnen erfolgten viel später, so sehr waren wir in den kreativen Prozeß versunken.

Wichtig ist, folgendes deutlich auszusprechen: es handelt sich hier um das WORT, nicht um den Satz oder die Rede.

In der Tat ist ja der Satz eine ,,gesprochene oder geschriebene Kette, die dazu dient, eine Information zu übermitteln''[3]. Diese Mitteilung ist nur möglich, wenn die Wörter nach einer bestimmten Ordnung gruppiert, bestimmten Relationen unterstellt sind (Gliederung, Konjugation, Interpunktion. . .).

Lassen wir mehrere Sätze in Worte zerbersten, die zufällig wieder zusammegefügt, aber erst einmal isoliert werden.[4]

```
                        BALKON
MOTORRAD            Landschaft                    künftig
Garten                                  Landschaft
sehr      das     fantastisch    japanisch     ITALIEN
klettert             ALLE                         Diwan
den               taucht auf                  WEICH
statistisch         jemand                          auf
BLITZ                            die meisten
wird zerspringen   GEHEIMNISVOLL            ROSEN
                   irgendeine
mehr                   mit                          er
```

Diese Wörter, bar jeder Ordnung und Gliederung, die dem Satz einen Sinn gäben, scheinen — nach einem von den Surrealisten praktizierten Spiel — ein autonomes, schillerndes, freies Leben zu führen. Das Adjektiv tanzt einer Fülle von möglichen Substantiven hinterher, die gedanklich zusammengestellt werden, das Substantiv glänzt wie ein nacktes Schwert und belädt sich bald mit Wesenszügen, Attributen, erlebten oder erdachten Eindrücken, das Verb ruft in uns eine Bewegung, einen Zustand, ein Werden hervor.

Wir gruppieren diese Wörter auf unterschiedliche Weise:

I. JEMAND KLETTER AUF DEN BALKON

                                                Geläufiger Satz.

II. KÜNFTIG IRGENDEINE GEHEIMNISVOLLE LANDSCHAFT

                                  Literarische Formulierung, poetisch, ungebräuchlich.

III. ER GEHEIMNISVOLL BALKON KÜNFTIG WEICH

                                                Zufällige Folge.

IV. WEICH
    BALKON   MOTORAD
    GEHEIMNISVOLL
                                            KLETTERT

                                                Isolierte Wörter.

I informiert uns, II verbindet uns vorsichtig, wie ein Murmeln, mit der Intimität des Schriftstellers, III überrascht und stimuliert uns durch seine unerwartete und irrationale Gruppierung. Wir sind also in der Lage, jedweder ungewöhnlichen Wortverbindung einen Sinn zu unterlegen. Jedes der

Worte von IV, betrachten wir es isoliert, bringt unsere Sinne zum Erwachen, führt zu einem Zustrom von Eindrücken oder Bildern, oder gar zu einem Entwurf für eine Bewegung oder Aktion.

Die Isolierung der Wörter (IV) oder die zufällige Nähe (III) schafft Distanz im Vergleich zu einem zusammenhängenden Satz (I) oder einer eher literarischen Formulierung (II) und gewinnt Bedeutung durch seine Neuheit, seine Eigenart:

> ,,Jeder sollte davon träumen, ein Wort der Umgangssprache ein wenig zu ,,bebrüten". Etwas völlig Unerwartetes, Seltenes wird aus dem Wort, das in seiner Bedeutung schlief, ausschlüpfen."(5)

Aus dem Zusammenhang genommen läßt uns ein Wort die Realität auf andere Weise erfassen als innerhalb eines nach normalen Strukturen aufgebauten Satzes; diese Realität wird durch unsere subjektive Sicht der Dinge interpretiert, ist nicht mehr überkommene Realität.

Dieses Wort mache ich mir zu eigen, steigere seinen Wert, verwandle es, gebe ihm den Status der Besonderheit.

Für den einen wird das Wort MOTORRAD zum unerträglichen Lärm, für den anderen muskuläre Empfindung, dann wieder sexuelles Symbol oder das Schimmern eines schönen neuen Gegenstandes, oder Machtgefühl, Gefühl von Freiheit, etc. . .

WEICH erweckt den Tastsinn, die angenehme Berührung, oder den Geschmackssinn, oder nonchalante Bequemlichkeit, oder elastische Haut, etc. . .

Ob es sich um ein Substantiv, Adjektiv oder Verb handelt, jedes Wort erweckt in uns Erinnerung, Widerhall, Assoziation, Vergnügen oder Unbehagen.

Das Wort entwickelt sich in uns, bläht sich in verschiedene Richtungen auf, entflieht der Bestimmung durch den Satz, entwindet sich dem vereisten Konzept und lädt sich mit doppelter Realität auf (der gegebenen und der eigenen).

Der Zusammenprall zweier oder mehrerer Wörter, das poetische Bild oder gar ein einziges Wort, das durch seine Situation auf dem weißen Raum einer unbeschriebenen Seite an Wert gewinnt, lassen uns die Frische des Wortes neu entdecken und unsere Sicht der Dinge in ein neues Licht rücken:

> Die Poesie
> ,,zeigt uns — in einem Licht, das die Erstarrung wachrüttelt — nackt die überraschenden Dinge, die uns umgeben, die unsere Sinne automatisch registrierten... Nehmt einen Gemeinplatz, reinigt ihn, trocknet ihn ab, laßt ihn auf eine Weise glänzen, daß er durch seine Jugend erstaunt, und mit derselben Frische, demselben Strahl, den seine Quelle hervorbrachte, werdet ihr ein poetisches Werk schaffen."[6]

Gewisse Begegnungen mit Wörtern wecken die schlafenden Tiere unseres Gedächtnisses, wirken in uns wie eine ,,Daseinserweiterung", bringen uns auf unseren Kern zurück:

> ,,Es scheint, als ob das Gedicht durch seine Überfülle in uns Tiefen neu erweckt."[7]

Für einige Augenblicke aus der prosaischen Existenz geworfen, betreten wir die Sur-Realität, die zur wahren Realität wird ohne Gemeinsamkeiten mit dem Alltäglichen, das als schäbig, zerstückelt, gewichtig und vorbestimmt empfunden wird.

Diese herausragenden Augenblicke — Begegnungen mit Worten, Objekten, Orten — sind vielleicht mehr Begegnung mit uns selbst:

> ,,Wenn er dann die Glocken von Erfurt läuten hörte, so wurden allmählich all seine Erinnerungen an das Vergangene rege — der gegenwärtige Moment beschränkte sein Dasein nicht — sondern er faßte alles das wieder mit, was schon entschwunden war.
> Und dies waren die glücklichsten Momente seines Lebens, wo sein

> eigenes Dasein erst anfing, ihn zu interessieren, weil er es in einem gewissen Zusammenhang und nicht einzeln und zerstückt betrachtete. Das Einzelne, Abgerissene und Zerstückte in seinem Dasein war es immer, was ihm Verdruß und Ekel erweckte. Und dies entstand so oft, als unter dem Druck der Umstände seine Gedanken sich nicht über den gegenwärtigen Moment erheben konnten. — Dann war alles so unbedeutend, so leer und trocken und nicht der Mühe des Denkens wert."(8)

Dieses Vorherwissen um eine ,,andere" Welt, die romantische Idee, daß das ,,wahre Leben anderswo" sei, das durch plötzliche Erhellung bewußt werdende ,,Ich, das ist ein ANDERER" — all das scheint uns die Vitalität einer Existenz zu bekunden, die, zum Verzicht nicht bereit, sich auf der Suche nach authentischen Werten befindet. Die psychoanalytische Interpretation scheint nur materialistische Erklärungen für diese Haltung, für dieses menschliche Wesen auf der Suche nach dem Absoluten, zu finden. Flucht vor der Wirklichkeit? Aber vor welcher Wirklichkeit? Werden denn existenzielle Konflikte allein durch die Libido bestimmt? Kann man Kunst durch die Psychoanalyse erklären?

Wenn unsere Träumerei — im Sinne Bachelards — sich gerne auf die Kindheit zurückbesinnt, dann aus dem Grund, daß unsere Gefühle noch voller Leben waren, nicht abgekühlt oder korrigiert durch Vernunft oder ,,gesunden Menschenverstand"; die Zukunft hatte unbeschränkte **Möglichkeiten.** Die Zukunft als Erwachsener hat nur mindere Hoffnungen bereit:

> ,,Tief hinunterreichende Erinnerungen aus den Kinderjahren erfreuen, ja erheben den bodenlosen Menschen, der sich in diesem Wellendasein überall festklammern will, unbeschreiblich und weit mehr als das Gedächtnis seiner späteren Schwungzeiten. Vielleicht aus den zwei Gründen, daß er durch dieses Rückentsinnen sich näher an die von Nächten und Geistern bewachten Pforten seines Lebens zurückzudrängen meint und daß er zweitens in

> der geistigen Kraft eines frühen Bewußtseins gleichsam eine Unabhängigkeit vom verächtlichen kleinen Menschenkörperchen zu finden glaubt."(9)

Diese Faszination, die unsere eigene Kindheit auf uns ausübt, deckt vielleicht die Nostalgie auf von einem unverbildeten, anspruchsvollen Selbst, weniger verändert durch Zwänge und soziale Konformismen.

Die Kunst und die Kreation verbinden uns mit diesem tiefen, früheren Selbst und bilden so eine Brücke zu unserer Kindheit und erschließen uns gleichzeitig eine andere Zukunft, ein Werden.

So verfällt PROUST in Träumerei, wenn er an Namen von Orten denkt, an denen er nie gewesen ist, doch einzig der Name (Schreibart, Rhythmus, Klang) genügt, um in ihm eine Flut von Bildern wachzurufen:

> „Der Name von Parma schien mir fest und glatt in sanftem graurosa Ton gehalten, wenn jemand zu mir von einem Haus in Parma sprach, das ich besuchen könnte, weckte er in mir die angenehme Idee, ich werden in einem fugenlos glatten Haus von milder graurosa Tönung wohnen, das keine Beziehung zu den Behausungen irgendeiner anderen Stadt Italiens hätte und das ich mir nur mit Hilfe jener schweren, gleichsam luftlosen Tonsilbe des Wortes Parma vorstellte, dazu in stendhalische Wehmut und den Duft seiner Veilchen getaucht. . . Wie mich entscheiden zwischen Bayeux, der hochgebauten Stadt mit rötlich flammender Zinne, deren Spitze im altgoldnen Schein seiner zweiten Silbe erstrahlt, Vitré, dessen accent aigu die alten Glasmalereien mit einem Rautenwerk aus schwärzlichem Holz zu versteifen scheint, das weiche Lamballe, dessen weißlicher Ton von Eierschalengelb zu Perlgrau übergeht,. . ., Benodet, ein kaum verhafteter Klang, den der Fluß in sein Algengewirr hineinzuziehen versucht. . .(10)

Im kreativen Akt wird die Gegenwart mit übermäßiger Intensität erlebt, die jedes äußere Geschehen im Dunkeln läßt und den Ablauf der Zeit vergessen macht; die Zukunft stellt sich dar als Abenteuer. Diese Intensität und diese Fähigkeit sich hineinzugeben sind Zuständen extremer Konzentration oder kreativer Erregung vergleichbar, wie sie auch gewisse kindliche Spiele charakterisieren.

Durch den kreativen Akt entkommen wir der meßbaren Zeit, dem umgebenden Raum. Die Kreation ist Herausforderung an die Zeit, das Alter, den Tod und läßt an eine Unendlichkeit von Perspektiven glauben, Entwürfen, die in eine Form gebracht werden, Träumen, die faßbar werden müssen.

> ,,Die Vorstellungskraft trennt uns in ihren lebendigen Aktionen sowohl von der Vergangenheit als auch von der Wirklichkeit. Sie öffnet eine Tür in die Zukunft."[11]

Es kann geschehen, daß der Träumer überhaupt keine Stütze benötigt, keine Erinnerungen, keinen fruchtbaren Grund, um seine Träumerei zu nähren. So hat BAUDELAIRE seine Träumerei über die Unendlichkeit

> ,,nicht im Anblick des Universums gebildet. Der Dichter leitet seine Träumerei geschlossenen Auges. Er lebt nicht von Erinnerungen. . . Langsam wird die Unendlichkeit zum eigentlichen Wert, zum eigenen Wert. Wenn der Träumer wirklich das Wort ,,unendlich" durchlebt, wird er befreit von seinen Gedanken, seinen Sorgen, befreit von seinen Träumen. Er ist nicht länger von seiner Schwere belastet, nicht länger Gefangener des eigenen Seins."[12]

Die Träumerei BACHALARDS vertieft und entwickelt sich von bestimmten Wörtern ausgehend, Wörtern, die ihm Zugang zum Intimsten seines eigenen Ich verschaffen (SCHUBFACH, SCHNECKENHAUS, NEST, KELLER, DACHBODEN, etc. . .) oder in ihm eine ,,Seinserweiterung" hervorrufen (WEITE, UNENDLICHKEIT).

Wir wissen sehr wohl, daß diese innere Träumerei den Körper beseelen und sich in eine Bewegungsträumerei umwandeln kann. Der vom Traum erfüllte Körper wird „ein anderer", luftförmig, knorrig, steinern, fließend, zähflüssig, wird zum Pferd, zum Vogel, zur Sonne. Dieser sogenannte Kosmomorphismus führt zu Metamorphosen der Muskeln, gleichzeitig zu Metamorphosen des Seins, das Gewohnheiten und Automatismen entflieht und „in seinem Körper träumt". Ein einziges Wort kann genügen, die Schleusen zu einem Reservat zu öffnen, wenn man bereit ist, sich hineinzugeben. Nennen wir diesen Zustand Empfangsbereitschaft, Leerheit, Transparenz — ein Zustand, der der glatten Wasseroberfläche vergleichbar ist, die durch einen hineingeworfenen Kiesel unendlich viele Wasserringe entwickelt. Ein Zustand, befreit von jeder Hemmung, ein Horchen in ein tiefes, nächtliches Sein, das bestimmt wird von der Allgegenwart eines zur Realität gewordenen Wortes.

In der Tat ein Reservat: der subjektive, kreative Akt läßt mich die Existenz des anderen entdecken, indem er dessen Unterschied offenbart. Dieser Unterschied verleiht ihm quasi ein Zusätzliches an Existenz, wir nehmen ihn plötzlich wie ein erstes Mal wahr:

> „Allein durch die Kunst können wir uns von uns selbst entfernen, wissen, was ein anderer von diesem Universum wahrnimmt, einem Universum, das nicht das unsere ist und dessen Landschaften für uns ebenso gestaltlos geblieben wären wie Mondlandschaften."[13]

Wir wollen dieses Thema durch ein Beispiel illustrieren, das die Subjektivität und Vielfalt der Lösungen einer gestellten Aufgabe demonstriert.

Hier ist es die Darstellung des Wortes UNENDLICHKEIT:

Unterrichtsveranstaltung im Théâtre de L'Athénée. Individuelle Improvisation zum Thema Unendlichkeit.

Den Schauspielschülern wird eine kurze Zeitspanne zur Konzentration gelassen, um das Thema in sich aufzunehmen, in der Vorstellung eine Handlung zu entwerfen, oder um sich im Gegenteil von jedem vorgefaßten Gedanken zu befreien.

Bilanz der unterschiedlichen Versionen (kein Schüler war Anfänger):

● unendlicher Himmel, gespielt durch den Blick, Erforschung eines sphärischen Raumes oberhalb des Horizontes (Robert).

● Unendlicher Fall in den Raum (J.-Luc)

● Jemanden in der Ferne suchen, den man kaum erkennen kann (Pierre)

● Rausch der Bewegung im Raum, reiche, ausgedehnte Gesten und Raumwege (Isabelle)

● Eingeschränkter Raum: die Wände weichen ein Stück auseinander. Angst vor diesem großen, unbekannten Raum (Mari-Lou)

● Spiel mit dem Atem, der immer weiter ausgedehnt wird bis er eins wird mit dem ozeanischen Raum (Véronique)

● Stummer Schrei: eine Person mit geöffnetem Mund stößt einen Schrei aus (Technik „fondu"), unendliches Leiden (Pablo)

● Angst vor der Unendlichkeit, Taumel

● Allmähliches Ausdehnen des Körpers im Raum (Elisabeth)

● Rückzug in die Ferne — auf der Diagonalen durch einen lang ausgedehnten Gang am Platz — wie angesogen durch eine Macht, eine Erinnerung (Marie)

● Regungslose Betrachtung, weiter, abwesender Blick (Alain)

● Person, die in einem engen Raum kauert und durch ein Loch den umgebenden Raum entdeckt, sich dann vom

Boden wegreißt, fliegt und schwebt, dann fällt und aus dem Taumel erwacht (J. Claude).

Man ahnt schon bei diesem Beispiel voraus, daß ein Wort die kreative Handlung auf verschiedene Arten auslösen kann:

+ *Es kann Bezug schaffen zur phänomenologischen Wirklichkeit:*
● ozeanischer Raum (Natur);
● Schwindel, Gefühl des Unendlichen (der Mensch, Gefühle, Empfindungen);
● Flug des Vogels (fliegen, schweben, Technik des Fliegens);
● freier Fall im Raum (sich drehender, wirbelnder menschlicher Körper).

Diese Lösungen setzen Beobachtungsgabe, Genauigkeit und körperliche Gewandtheit (beispielsweise den Eindruck erwecken, daß man fällt, obwohl man den Boden unter den Füßen hat) und Übertragungsfähigkeit voraus.

+ *oder das Wort kann durch seinen Klang Gegenstand einer Träumerei werden, Sprungbrett der Phantasie, kann die Möglichkeiten des Wirklichen überschreiten:*
● phantastischer Raum: die Wände weichen auseinander;
● Rückwärtsgehen in Zeitlupe (siehe Orphée von COCTEAU);
● Fiktion des Menschen, der sich in einen Vogel verwandelt;
● stummer Schrei, der die dramatische Kraft vergrößert.

+ *oder das Wort löst beides auf einmal aus:*
● im Fall von J.-Claude, der die Wirklichkeit mit dem Phantastischen vermischt. Er suggeriert durch den Blick und die Art sich zu kauern, sich in einem kleinen Raum zu befinden. Er entdeckt durch ein winziges Loch den weiten Raum und ist plötzlich in diesem Raum: er fliegt davon, schwebt, wird zum Vogel, etc. . .

Die weiteren Ausführungen werden ausschließlich auf Wörtern basieren, auf der ,,Macht des Wortes, eine Sache zu erschaffen"[14], oder sich Dinge vorzustellen, zu erträumen.

Wir werden versuchen aufzuzeigen, wie der Körper ein Wort zum Leben erwecken kann oder wie das Wort den Körper belebt.

Eine Arbeit über die Bedeutung der Wörter kann dem erstarrten Körper zu neuer Ausdruckskraft verhelfen.

Im folgenden werden wir demonstrieren, wie die Wörter die Vorstellungskraft nähren und ein Feld bereiten können zu schöpferischer Aktivität.

ERFAHRUNGEN
ETAPPEN
REFLEXIONEN

I. — WÖRTER, DIE ÜBEREINSTIMMUNG HERSTELLEN
WÖRTER, DIE UNMITTELBAR BEWEGUNG AUSLÖSEN

Wenn es wahr ist, daß die Farben Gegebenheiten der objektiven Realität sind (der Himmel ist BLAU oder GRAU, der Mohn ist lebhaft ROT, der Schnee ist WEISS), so werden doch ebenso häufig dieselben Farben zu subjektiven Werten oder erhalten Symbolbedeutung in einer eigeninterpretierten, verformten, dramatisierten Sicht der Realität.

In der Lyrik, besonders bei den Symbolisten, kann die Farbe direkte Verbindung zum poetischen Gefühl haben und ihre Resonanz einen inneren Zustand ausdrücken, einen Klang, eine ungewöhnliche Vision, oder eine eher ,,empfundene'' als beobachtete Landschaft dramatisieren, sie traumhaft, unwirklich, mystisch werden lassen. Die Farbe ist nicht länger ein beschreibendes Element, sondern wandelt sich zum expressiven WERT, ein Schritt, den die Maler des Impressionismus vollzogen haben, die Fauves, die Expressionisten. Die Farbe wird für den Leser oder den Betrachter zum Objekt der Verfremdung und verdeutlicht ihm, daß das Universum des Künstlers Vorrang hat vor der objektiven Realität, die zwar Aufhänger des Werkes ist, aber nicht dessen Hauptthema.

So kann es geschehen, daß in Momenten der Übersensibilität der Sinne — oder in Epochen, die zur Exaltiertheit der Empfindungen oder zu extremem Raffinement des Stils neigen, sich die Grenzen der spezifischen Funktionen der Sinne aufheben: der Blick wird zur Berührung, ein Streicheln wird zu Licht oder Schatten, das Ohr hört farbige Klänge, das Auge des Poeten sieht un-er-hörte Landschaften; Musik, Schatten und Düfte haben intime und geheimnisvolle Verbindungen:

,,Es ist die Stunde der verstorbenen Strahlen
der Leichen-Lichter
Sie durchziehn die ersten Schatten
Mit muffigem Gestank wie Düfte. . .

Die Dämmerung bemalt sich
mit grausam schrillen Farben
und Schattierungen vergleichbar
den Dissonanzen von Chopin.''[1]

,,Ich warte daß der Mond mit blauen Fingern
ganz still die Tür halb öffne. . .''[2]

,,Die Möwen ziehn zum Meer, zum Norden
zum Traum und Zauberhimmel
zart und wandelbar wie eine Seele aus Opal. . .''[3]

,,Mein einz'ger Stern ist tot und meine sternbesäte
Laute
trägt die schwarze Sonne der Melancholie. . .''[4]

,, ... Seraphine unter Tränen
Träumend in der Ruhe nebelhafter Blumen spielten
In der Hand den Bogen auf sterbenden Violen
Weiße Seufzer gleitend über das Azur der Blütenkronen"(5)

Jeder von uns empfindet dunkel diese Verbindung zwischen Musik, Klängen, Materie, Farben, Formen, das geheimnisvolle Spiel der Assoziationen, die durch Zufall entstehen, durch ein unerwartetes Zusammentreffen oder in den Tiefen des Gedächtnisses. Jeder von uns hat sie schon erlebt, diese zu kurzen Augenblicke der Intuition, diesen ,,Blitzschlag", in dem Dinge und Menschen, die bis dahin gewöhnlich und vertraut waren, in einer überspitzten, neuen Art erscheinen.

Abgesehen von Beispielen aus Literatur und bildender Kunst hat die Farbe einen symbolischen Wert; wir bringen sie sofort in Verbindung mit einem Eindruck (Kindheit, Trauma, einschneidendes Erlebnis), einer Vision, einem Objekt (erschreckend oder angenehm, vertraut oder furchteinflößend).

Für mich symbolisieren Farben in diesem Augenblick X:

VIOLETT:	Schatten, Feiertag, verhüllte Statuen, Trauer...
SCHWARZ:	Rabe, Dunkelheit, Finsternis, Loch, Tod...
GRÜN:	Gras, Sauerstoff, Gebirge, keine Umweltverschmutzung..
ROT:	Blut, Aufregung, Erregung, Glut...
WEISS:	Wäsche, Langsamkeit, Unbeweglichkeit, Ruhe, Jungfräulichkeit...

Offensichtlich ist hier der Symbolgehalt relativ und zeigt z.B. religiöse Einflüsse (VIOLETT, SCHWARZ). Das Wort VIOLETT könnte ganz andere Assoziationen auslösen: Blumen, Großmutter, Himmel, etc...

Es ist auch denkbar, daß zu einem anderen Zeitpunkt meine Antworten anders ausfallen würden (abhängig von meiner Laune, neuen Eindrücken), wenn es auch so aussieht, als blieben bestimmte Themen konstant und bildeten einen festen Bestandteil meines tiefsten Ich.

Eine Wortliste. Unmittelbare körperliche Reaktionen.

Das Spiel läuft folgendermaßen ab:
Eine Wortliste wurde vorbereitet. Mit lauter Stimme ruft man eines der Wörter aus, das jeder Teilnehmer in kurzer Zeit (8—10 Sek.) interpretieren soll. Die Wörter sind mit Absicht sehr unterschiedlich ausgewählt. In der ersten Zeit wird man bei den Anfängern die Situation „Betrachter — Betrachtete" vermeiden, in der Folge wird im Gegenteil diese Situation eine Reflexion über die Bedeutung der Geste und der Spielformen auslösen und die Aufmerksamkeit für den anderen erwecken.

Hier z.B. eine vorgeschlagene Abfolge:

SCHLAFF	MESSER	DURCHSICHTIGKEIT
SAMT	HOCHHAUS	EBBE + FLUT
STARR	STRAND	EUPHORIE
SCHARF	PASSION	ROT
WÜSTE	JUGEND	VIOLETT
REVOLUTION	SCHNEE	ZITRONENGELB
VOGEL	UMWELTVER-	...
INSEKT...	SCHMUTZUNG	

Hier einige Resultate:

Das Wort MESSER hat hervorgerufen:

- Aktionen in Mime d'évocation: Brot schneiden, sich in den Finger schneiden, ein Messer wetzen, etc. . .
- Agressive Aktionen: mit dem Messer bedrohen, zustechen, etc.
- Passive Strafreaktionen: einen Stich mit dem Messer versetzt bekommen. . .
- Eher abstrakte Umsetzung: abgehackte, einschneidende Gesten. . .

Das Wort PASSION hat ergeben:

- Bezugnahme auf die Kreuzigung Jesu auf unterschiedliche Weise:

— Identifikation mit Christus: ans Kreuz geschlagen werden, der Kreuzweg (tragen, aufrichten, fallen).

— Physische Aktionen oder Personen im Umkreis von Christus: nageln, schlagen, Häscher, Soldaten, etc. . .

— Interpretationen zynischer oder humoristischer Art; nahe der Posse: der Darsteller fällt mehrere Male nacheinander, bei jedem Fall wirft er einen verstohlenen Blick ins Publikum und macht die Geste des Ringrichters, der die K.O.-Punkte zählt: 1, 2, . . .

- Ergebnisse, die PASSION in allgemeinerem Sinne auslegen: das Leben eines Ehepaares, Schmerz, heftige Migräne, etc. . .

Schlußfolgerungen.

Die Substantive oder Adjektive, die wir auswählten, lassen ein mehr oder weniger weites Interpretationsfeld zu: einige beziehen sich auf vertraute Gegebenheiten (Objekte, Empfindungen, Wahrnehmungen), wie z.B. HOCHHAUS, MESSER, SCHARF, etc. . ., andere fordern die Vorstellungskraft heraus (WÜSTE, abhängig davon, ob man sie je gesehen hat), wieder andere betreffen unsere philosophische Einstellung (PASSION, REVOLUTION).

Wenn das entsprechende Wort in körperliche Handlung übergeht, erreicht es wieder emotionale Bedeutung; das Wort wird verkörperlicht und gewinnt Farbe durch Affektivität und innere Resonanz. Doch lösen die Worte mal mehr, mal weniger Echo in uns aus, demnach sind unsere Reaktionen unterschiedlich intensiv. Daher muß die Wortliste sehr umfangreich sein, damit jeder Teilnehmer Momente der Ergriffenheit erlebt. Während eines Kurses gab es ein junges Mädchen aus einem Erziehungsheim, das eine sehr gleichgültige Haltung zeigte und wenig interessiert schien an den Aufgaben, die wir bis dahin gestellt hatten. Als wir mit der Übung ,,Reaktion auf Wörter" begannen, ging sie zum ersten Mal aus sich heraus, als sie das Wort JUGEND hörte und improvisierte voller Leidenschaft eine kurze Sequenz: Sie stellte sich vor, einen Jungen zu treffen, ihn zärtlich zu umarmen, mit ihm spazierenzugehen, eine Zigarette zu rauchen, etc. . . Von diesem Moment an nahm sie interessiert an der Arbeit teil und war bereit, sich in die Gruppe zu integrieren.

Die Verwandlung des Wortes in Bewegung wirft von vornherein das Problem der körperlichen Möglichkeiten auf und der Fähigkeit des einzelnen, die Realität neu zu erfinden. In der Tat wird in den meisten Fällen die Realität interpretiert und nicht reproduziert. (Wir werden später auf die Notwendigkeit einer Rückkehr zur objektiven Wahrnehmung der Realität hinweisen).

,,Das wahrgenommene Bild und das erschaffene Bild sind zwei sehr unterschiedliche Momente der Realität."[6]

Selbst wenn die Gesten eine Imitation bedeuten — besonders im Falle der Manipulation nicht wirklich existierender

Gegenstände — sind sie doch keine exakte Kopie der Realität. Wenn z.B. das Wort SCHNEE die Handlung ,,Skifahren'' eingibt, muß man ohne Schnee, ohne Skier, ohne Stöcke ,,im Leeren'' Bewegungen finden für: gleiten, wenden, abstoßen und dafür physische Mittel erfinden, Tricks, um den Eindruck der Echtheit zu vermitteln. Wenn das Wort SCHNEE eine Identifikation mit dem Element selber hervorruft, so wird diese Identifikation niemals eine genaue Übereinstimmung sein, weil die Substanz SCHNEE keine Gemeinsamkeiten mit der Substanz menschlicher Körper hat. Man muß also durch die Formen, die Dynamik und Rhythmik, z.B. durch Sanftheit und Weichheit eine ,,Schneefläche'', durch Leichtigkeit und tänzerischen Rhythmus den ,,Fall von Schneeflocken'' suggerieren.

Die Verwandlung des Bildes in die Handlung ist schon ein Akt der ,,imaginierenden Imagination''[7].

Auf der anderen Seite werden die zeitliche und räumliche Entfernung, die Veränderung, die das Gedächtnis vergangenen Dingen aufprägt, die Erinnerung an die Realität umwandeln. Wer sich erinnert, vollbringt also schon ein Werk der Imagination.

Das Wirken des mit körperlichen Mitteln arbeitenden Darstellers ist folglich auf doppelter Ebene eine Aktivität der Imagination:

1. Er bewahrt von der ursprünglichen Realität nur das, was er bewahren will;

2. Er verwandelt sein ,,imaginiertes Bild'' in Gesten, Gesten, die nach seiner Vorstellung am besten dieses Bild für andere sichtbar machen.

Das erinnert an eine Reflexion von Bachelard:

> „Man möchte immer, daß die Imagination die Grundlage sei, um Bilder zu formen. Sie bedeutet aber eher die Fähigkeit, wahrgenommene Bilder zu ver-formen. Sie bedeutet vor allem die Fähigkeit, uns vom Eindruck erster Bilder zu befreien, die Bilder zu ändern."[8]

Das Produkt der Vorstellungskraft holt seine Substanz aus der Wirklichkeit und ähnelt dennoch nicht der Wirklichkeit:

> „Die Imagination erfindet mehr als Dinge oder Dramen, sie erfindet ein neues Leben, einen neuen Geist: sie öffnet Augen mit neuen Sichtweisen."[9]

Die Übung **Unmittelbare Reaktion auf Wörter** ist schon ein Wecken der Imagination.

Die Anzahl, die Verschiedenheit der Wörter und die Häufigkeit der Versuche regen die Teilnehmer an und verlangen eine ständige Verbesserung ihrer Bewegungen. So setzt der Übergang von SCHLAFF zu STARR, dann zu SCHARF eine Anpassung der Energie und der Form voraus.

Der Darsteller setzt den bildhaften Funken, den das Wort in ihm auslöst, in Bewegungs-Spots um. So vollzieht er mit sich selbst eine Folge von Metamorphosen.

Über die Tatsache hinaus, daß dieses unverfängliche, kollektive Spiel Hemmungen verhindert, weil die Angst vor dem Blick der anderen entfällt, geht diese Übung noch weit über das hinaus, was wir a priori von ihr erwartet haben:

— Sie verschafft einen Gesamtüberblick und eine neue Sicht der Realität.

— Sie beleuchtet eine Vielfalt von möglichen Arten, die Realität neu zu übermitteln (tragisch, ulkig, humoristisch, dramatisch, lyrisch. . .)

— Sie läßt die Begriffe „Spielebenen" (cosmomorphisme, mime d'évocation, jeu comédien) und „Stile" erscheinen.

— Sie verlangt eine Modulation und eine ständige Ausrichtung der Bewegung auf das Thema.

— Sie gibt uns Hinweise darauf, wie wir den anderen wahrnehmen.

Diesen Arbeitstypus zu erleben und zu beobachten, deckt für den Anfänger die kreativen Möglichkeiten der anderen und seine eigenen Fähigkeiten auf. Durch die Mannigfaltigkeit der möglichen Antworten entdeckt er erstaunt, daß die Wege der Kreation vielfältig sind. Er macht sich klar, in welchem Maße er sich beschränkt, wenn er sich an eine einzige Ausdrucksform hält.

Wenn auch die spontanen Reaktionen interessant sind, so muß man doch die Grenzen dieser Arbeit sehen. Benutzte man als Grundlage für ein Kreativitätstraining ausschließlich diese Arbeitsweise, so wäre das mit dem Risiko einer fortlaufenden Produktion von Clichés verbunden.

Als Beispiel das Wort REVOLUTION:

Die Lösungen sind sehr verwandt, teilweise identisch: beim Marschieren die Faust erheben, Wurfgeschosse schleudern, Barrikaden errichten, drohen, sich langsam einem imaginären Feind nähern. Also sehr konkrete Darstellungen, heftige Gestik, oft von Schreien begleitet.

Die Verbindung zu den 68-er Ereignissen liegt auf der Hand: Straßendemonstrationen, Erinnerung an Barrikaden, Tränengas, Menschenansammlungen, leidenschaftliche Diskussionen. Die Ereignisse, die erlebt oder beobachtet wurden, sind prägnanter als der eigentliche Sinn des Wortes REVOLUTION. Die Summe der spontanen Reaktionen ergibt letztendlich eine oberflächlich erscheinende Interpretation, weil sie lediglich aus Handlungskonsequenzen besteht und nicht das Phänomen REVOLUTION in seinem Kern erfaßt und ausdrückt. Die eingleisige Auswahl der aufgetretenen Lösungen läßt vermuten, daß sich von dem — mehr oder weniger erlebten — Ereignis REVOLUTION nur stereotype Bilder erhalten haben. Das kann bedeuten, daß das Ereignis nicht intensiv erlebt wurde, da man sich von seinem Inhalt nicht direkt betroffen fühlte; das kann aber auch heißen, daß Bilder von Reportagen (Fernsehen) das Gedächtnis so stark prägen, daß das Anekdotische, die Nachrichten über Gewaltakte oder Überlebensakte, die Oberhand gewannen über die tiefe Wirklichkeit der Revolution.

Kurz, es ist selten, daß man eine distanzierte Antwort erhält, die die eigentliche Essenz des Wortes REVOLUTION wiedergibt.

Durch die im folgenden ausgeführten Varianten und während der Weiterentwicklung, die sich anschließt, werden wir sehen, durch welche Mittel man die spontanen Reaktionen erweitern und bereichern kann.

Variante I: Jeder Teilnehmer wählt ein Wort aus der Wortliste aus, das er vorher umgesetzt hatte und versucht in einer längeren Zeitspanne (10—15 Min.) die erste Interpretation zu bereichern. Die Folge ist: Reflexion, neue Perspektiven, Auswahl; qualitativ kann die Bewegung präzisiert und verfeinert werden. Die Art und Weise des körperlichen Ausdrucks bleibt jedem überlassen (tänzerisch, akrobatisch, jeu comédien etc...)

Variante II: Jeder Teilnehmer wählt 3 Wörter aus und interpretiert sie nacheinander ohne eine Verbindung zwischen ihnen zu schaffen.

Variante III: Die gleiche Arbeit in kleinen Gruppen; jede Gruppe wählt eines oder drei Wörter. Die gemeinsame Vorbereitung in kleinen Gruppen ist im allgemeinen sehr fruchtbar, allerdings brauchen die Diskussionen und die Durchführung mehr Vorbereitungszeit.

II. — SUBSTANZ DES WORTES. WIEDERERWECKUNG DES KÖRPERS. DER KÖRPER ALS ORT VON METAMORPHOSEN.

VERSUCHE UND BEMERKUNGEN

A) **Das Wort als Objekt — das Wort als Realität**

Die Wörter als Stütze unseres Denkens erlauben uns, anderen den Gegenstand unseres Denkens mitzuteilen; doch ein und dasselbe Wort kann zuweilen für den anderen ein anderes Denkobjekt sein. Die Vielfalt der spontanen Reaktionen bezeugt das.

Kann man trotzdem hoffen, sich — mit kleinstmöglichen Abweichungen — über ein Wort zu verständigen?

Das Wort, wie es im Lexikon definiert wird, ist eine Art brauchbares Instrument, um die Bedeutung ,,eines Objektes, eines Begriffes, einer Qualität, einer Idee. . .'' zu übermitteln. Wenn wir z.B. das Verb AUFFLAMMEN benutzen, werden wir eine andere Vorstellung hervorrufen als durch das Verb ENTFLAMMEN.

Im folgenden gilt es, den *allgemeinen Wortsinn* zu illustrieren, nicht den umgangssprachlichen, figurativen oder volkstümlichen Sinn von:

— transitiven Verben wie ICH ESSE oder intransitiven Verben wie ICH FALLE (keine unpersönlichen Ausdrücke verwenden wie ES SCHNEIT, ES REGNET);

— Adjektiven und Superlativen wie AM MEISTEN, AM WENIGSTEN;

— modalen Adverbien.

Wenn man z.B. das Adjektiv RUND wählt, müßte man es im mathematischen Sinne illustrieren: ,,rund ist ein Körper oder eine Figur, die man durch Umdrehung einer Oberfläche oder einer Linie um eine Achse erhält", und nicht im umgangssprachlichen Sinn: ,,dick und kurz: ein rundes kleines Mädchen", nicht im übertragenen Sinne: ,,das ist eine runde Sache" und nicht im volkstümlichen Sinn (,,être rond" = ,,rund sein" ist im frz. die volkstümliche Bezeichnung für: betrunken sein. Anm. d. Übers.), nicht als Adverb: ,,der Motor dreht rund", nicht als Substantiv: ,,eine Runde drehen".

Unsere Übung ist also klar definiert.

Eine Gruppe wählt, ohne daß sie uns vorher die ausgewählten Wörter verrät: ein transitives oder ein intransitives Verb, ein modales Adverb, ein Adjektiv und einen Superlativ. Diese Wörter haben untereinander keinen Bezug. Jeder illustriert die Wörter, die die Gruppe zusammengestellt hat, wie und in welchem Zusammenhang er will. Hier nun ein Arbeitsbeispiel:

	VERB	ADVERB	ADJEKTIV	SUPERLATIV
wir haben gesehen:	zögern schaukeln sich aus dem Gleichgewicht bringen schwanken schwingen	nervös wütend brutal cholerisch aggressiv trocken	kollektiv choreographisch	immer kleiner
es handelte sich um:	TAUMELN	HEFTIG	RUND	AM KLEINSTEN
wir haben gesehen:	aufblasen pressen keuchen	sanft vorsichtig peinlich genau	kreisförmig abgerundet kugelförmig	immer größer
es handelte sich um:	ATMEN	LANGSAM	RUND	AM GRÖSSTEN
wir haben gesehen:	schauen diskutieren zweifeln ausfragen zustimmen gutheißen beobachten	schwierig	nachdenklich religiös spöttisch scheinheilig in sich versunken bigott	am aufgeblasensten
es handelte sich um:	ZUHÖREN	MÜHSAM	FROMM	AM DICKSTEN
wir haben gesehen:	zurückziehen	nervös überstürzt aktiv lebhaft	müde überdrüssig eingeschlafen ausgelaucht schläfrig unbekümmert gelangweilt amorph	am schüchternsten am verächtlichsten
es handelte sich um:	ZIEHEN	SCHNELL	FAUL	AM EIN-SAMSTEN
wir haben gesehen:	überlegen nachdenken meditieren	peinlich genau vorsichtig	ekelhaft abstoßend abschreckend	immer schwerer
es handelte sich um:	DENKEN	ZART	SCHMUTZIG	AM SCHWERSTEN

Wenn wir das, was wir gesehen haben, mit dem vergleichen, was wirklich zu raten war, stellen wir folgendes fest:

— Die Gruppen haben in erster Linie Verben gewählt wie:

ICH ATME...
ICH LAUSCHE...
ICH ZIEHE...

also eher transitive als intransitive Verben wie:

ICH TAUMELE.

In der Tat verlangt das transitive Verb, wenn es körperlich dargestellt wird, meistens die Stütze eines realen oder imaginären Objektes, und gerade der Anfänger geht — mehr oder weniger bewußt — davon aus, daß dieses Objekt ihm dazu verhilft, klarer, lesbarer zu sein. Sehr häufig ist dieses Objekt jedoch weit davon entfernt eine Hilfe zu sein, es wird vielmehr zum Hemmschuh, da es die ganze Aufmerksamkeit unseres Darstellers in Anspruch nimmt zum Nachteil für die Aktion, die eigentlich von ihm verlangt wird. So haben wir zum Beispiel gesehen:

Schauen, diskutieren, zweifeln, ausfragen, zustimmen, gutheißen und beobachten, wenn es sich eigentlich um ZUHÖREN handelte.

Der Anfänger fühlt sich einsam und ausgeliefert, wenn er Verben wie: STERBEN, GEBOREN WERDEN,... darstellen soll. Er hat den Eindruck, daß seine Ungeschicklichkeit eher zutage tritt, daß er sich eher bloßstellt als bei einem transitiven Verb.

— Den Gruppen wird die Schwierigkeit einer exakten Wiedergabe der ausgewählten Wörter deutlich; so haben wir SPÖTTISCH oder HEUCHLERISCH gesehen anstatt FROMM; IMMER SCHWERER anstallt AM SCHWERSTEN, IMMER TIEFER anstatt AM TIEFSTEN. Dennoch wäre es sehr leicht gewesen, den extremen Zustand AM TIEFSTEN zu verdeutlichen: z.B. 8 Personen stehen auf einem Stuhl, eine neunte bleibt auf dem Boden — denn es war absolute Freiheit in der Organisation gegeben.

Selbst wenn wir zugeben, daß der Zuschauer einige Schwierigkeiten hat, das Gesehene zu formulieren, müssen wir doch feststellen, daß das Spiel der darstellenden Gruppe oft die zuschauende Gruppe nicht in die Lage versetzt, Synonyme des gewählten Wortes zu finden. Es ergibt sich eine doppelte Fragestellung:

1. Kannte die darstellende Gruppe wirklich das, was sie ausdrücken wollte?

2. Verfügte sie über ausreichende Mittel, um so exakt wie möglich das zu übermitteln, was sie ausdrücken wollte?

B) **Die Drei Orte.**

Stellen wir uns einen Vorgang vor, der sowohl die Auffassung des Darstellenden als auch die Beobachtung von außen einschließt.

Man legt drei Zettel auf drei verschiedene Orte der Spielfläche. Auf jedem der Zettel steht ein Wort. Drei freiwillige Darsteller begeben sich auf die drei Plätze I, II, III. Das Publikum weiß natürlich nicht, was auf den drei Zetteln steht.

Stellen wir uns die Darsteller A, B und C vor.

Der Darsteller A stellt sich auf I, der Darsteller B auf II, der Darsteller C auf III.

Nehmen wir an, daß auf I das Wort VOGELSCHEUCHE, auf II das Wort KUH, auf III das Wort KORRIDOR steht.

I	II	III
VOGEL-SCHEUCHE	KUH	KORRIDOR

Simultan interpretieren die Darsteller A, B und C auf ihre Weise solange das Wort, das sie auf dem Zettel gelesen haben, bis das Publikum alle drei beobachtet hat. Danach tauschen sie die Plätze, lassen aber die Zettel am ursprünglichen Ort. Z.B.: A geht zu II, B zu III, C zu I, und man schaut sich die zweite Version der Interpretation der 3 Wörter an. Neuerliche Beobachtung der Zuschauer. Letzter Platztausch.

Nach den 3 aufeinanderfolgenden Interpretationen der 3 Wörter müßte das Publikum das ursprüngliche Wort herausgefunden haben oder ein verwandtes Wort, da es sich um Wörter handelt, die Synonyme besitzen.

Danach schlägt man 3 neuen Darstellern 3 neue Wörter vor.

Beispiel:

	Ort I	Ort II	Ort III
Serie:	FENSTER-SCHEIBE	AUSGERENKT	PARALELLE
Serie:	ABGRUND	ERTRUNKEN	BIMMELN
Serie:	VOGEL	ROSTIG	SCHWAMM
Serie:	RAUCH	BESUDELT	RÜCKENSCHILD
Serie:	KRISTALL	ZERSCHMETTERT	GEWUNDEN
Serie:	NOVEMBER	UNTERBROCHEN	FISCH

Die aufeinanderfolgenden Versionen ermöglichen eine Bestätigung oder eine Präzisierung dessen, was eine einzige Interpretation nicht ohne weiteres klargelegt hätte — sei es durch eine unterschiedliche oder ergänzende Umsetzung oder durch eine klarere, also verständlichere Ausführung. Die Zuschauer werden sich der Tatsache bewußt, daß man, um sich mitzuteilen und sich verständlich zu machen, bis zum Wesentlichen vordringen muß, deutlich sein, echt sein und das charakteristischste Merkmal auswählen muß.

Als Beispiel KORRIDOR.

Um verständlich zu machen, daß es sich um KORRIDOR und nicht um WAND oder GEFÄNGNIS handelt, muß man eine Suggestion von Länge, von Enge und räumlichen Grenzen der Seitenwände hervorrufen.

PARALLELE darf nicht zu verwechseln sein mit KORRIDOR. Man sollte in diesem Fall mehrere Möglichkeiten zeigen, und zwar mit Hilfe abstrakter Bewegungen, in denen die PARALLELE vorherrscht.

Einige Wörter werden erst verstanden, wenn nach einer ersten doppeldeutigen Darstellung eine weitere Illustration als Bestätigung folgt. So kann eine Interpretation des Wortes KUH als Cosmomorphisme (wiederkäuend, sanfte Miene, leerer Blick) durch eine Handlung in Mime d'évocation (z.B. melken) verdeutlicht werden. Unter drei Darstellungen des Wortes ABGRUND wird vielleicht eine sein, die technisch präziser ist oder besser gespielt (Furcht, Schwindel...) und ohne weiteres dem Publikum klar erscheint.

C) **Der Körper verrät das Denken.**

Diese Übungen stellen auf einfache Art Aufgaben der Übermittlung. Der Zuschauer — erst aufnehmend, dann kritisch — kann herausfinden und analysieren, warum eine Lösung verständlich oder unverständlich war. Er kann Hilfen für seine eigenen Unzulänglichkeiten finden und er wird sich Mühe geben **lesbar** zu sein, wenn er selber in der Situation des Agierenden ist.

Konkretes Beispiel:

Nehmen wir an, daß ein Darsteller sich für das Wort REVOLUTION entscheidet, um es neu zu durchdenken. Er interpretiert es als aufsteigende, dann als vorwärtstreibende Kraft, die sich in einen langsamen Marsch umformt, imaginäre Widerstände aus dem Weg räumt und trotz mehrerer Toten den Marsch fortsetzt. Das wäre schon eine übertragene Vision des Begriffes — verglichen mit den Darstellungen, wie wir sie im vorigen Kapitel gesehen haben (Barrikaden, Werfen von Pflastersteinen, erhobene Fäuste. . .). Diese Interpretation setzt ein gewisses Können voraus: eine innere kraftvolle Anspannung des Muskels, ein minimales Vorwölben im oberen Teil des Rumpfes, eine bestimmte Art zu gehen, die gleichzeitig ein Wegdrücken beinhaltet, allgemein gesprochen eine subtile Beweglichkeit. Die Bewegungen werden umso bedeutsamer, je mehr sie dosiert, beherrscht und bestimmt sind durch ein ,,fondu-résistant''. Zu viel Ausdehnung, nicht genug Druck — und man ,,kämpft'' nicht mehr. Eine Bewegung, die oberflächlich, wortreich und verschwenderisch ist, verliert ihre dramatische Kraft. Der Körper schwätzt, aber handelt nicht.

Von dieser Ausarbeitungsphase an beginnt der Mimenschüler, sich zu hinterfragen. Ihm ist plötzlich bewußt geworden, daß er eine Körper-Schrift braucht, um von den anderen ,,gelesen'' zu werden. Die Offensichtlichkeit der Kluft zwischen dem Gedanken und der Handlung, und die Tatsache, daß er nicht vermitteln konnte, was er auszudrücken glaubte, hat ihn einen Schritt vollziehen lassen, den er zu Beginn nicht ins Auge gefaßt hatte.

Was kann nun jemand, der wirklich enorm viel auszudrücken hat, als Anfänger tun? Er empfindet sehr wohl die Musik, die er spielen möchte, aber das Instrument erscheint ihm fremd, verrostet, es spielt eine andere Melodie, es verrät ihn. ,,Ich schaffe es nicht, das zu sagen, was ich sagen möchte'', ,,ich sehe sehr gut, was zu tun ist, aber ich kann es nicht ausführen''. . .

Die größte Aufrichtigkeit, die leidenschaftlichsten Übertragungen werden nur ein Echo beim Zuschauer finden, wenn sie intelligent dosiert, das heißt beherrscht sind.

DER MATERIE LEBEN EINHAUCHEN — DEN KÖRPER WIEDERBELEBEN

A) **Die Interjektionen**

Wenn wir jedes Gruppenmitglied auffordern, sich einen Partner zu suchen, sich ihm gegenüberzustellen und ihm Interjektionen wie: AU! — WAS!? — HM! — OH! — PÖ! — UFF! zuzurufen, was beobachten wir dann?

Der Anfänger wirkt linkisch, die Auswahl an Interjektionen begrenzt. Er wagt nicht, sich hörbar zu machen, und selbst, wenn er anfangs lebhaft ist und laut ruft, so hört er doch sehr schnell damit auf.

Da die Schwierigkeiten sich auf verschiedenen Ebenen abspielen, werden wir unterschiedliche Spielsituationen vorschlagen, um den Darstellenden zur Wiedererlangung seiner ursprünglichen Empfindungen zu führen.

Die Interjektion ist Ausdrucksform bestimmter Momente des Zorns, der Freude, des Schmerzes, des Bewunderns, des Staunens. . . Sie ist angesiedelt zwischen dem Schrei und dem Wort, ist eng verbunden mit unserer Gefühlswelt, hat noch etwas von einem animalischen Reflex.

Es ist viel verlangt, in einer Zivilisation des Schweigens (das Schweigen des Konsumenten von Fernsehen, Kino, Playback, Walkman. . .), einer Welt des ,,Scheinens", des ,,Was wird man von mir denken?", ein Wort von sich zu geben, das einem Schrei so nahe ist. Das bedeutet mit seinen Gewohnheiten brechen, einen Klang erzeugen, der einem Tabu gleichkommt, gegen den „Anstand" zu handeln, nicht dezent zu sein. Diese Hemmung drückt sich in kleinen Lachern aus, als fühle man sich schuldig, drückt sich aus in mangelnder Lautstärke der produzierten Töne.

Wenn wir uns von dieser Behauptung überzeugen wollen, setzen wir eine ähnliche Übung anstelle der ersten, benutzen aber dieses Mal Onomatopöien: TÖFF-TÖFF — BUMS — HATSCHI — QUAK-QUAK — MIAU — PENG — TICK-TACK — POCH-POCH. . .

Die Ergebnisse sind auf Anhieb viel besser. Die Stimmen sind laut, die Gesten lebhaft. . . Das ist verständlich, denn die Onomatopöie (= lautimitierendes Wort) engagiert uns offensichtlich sehr viel weniger als die Interjektion. Die Hemmung, die der Anfänger beim Spiel mit Interjektionen empfindet, kann auch von der Tatsache herrühren, daß die Beziehungskonditionen, wie sie anfangs gegeben waren, recht künstlich sind. In der Tat ist die Interjektion, außer daß sie „der Übergang vom animalischen Reflex zur menschlichen Sprache"[1] ist, eine Ausdrucksform von Ursache und Wirkung. Im alltäglichen Leben sage ich „AU!", weil jemand oder etwas mir wehgetan hat, „WAS?!", weil ein brüsker Zuruf mich erstaunt hat. Um diese Motivation wiederzufinden, werden wir zu zweit spielen, ziemlich nahe beieinander. Der Partner erfindet Situationen und ruft damit Antworten in Form von Interjektionen beim anderen hervor. Er kann Sätze verwenden, deutliche Gesten (so tun als kniffe er, mit den Fingern schnipsen, auf ein schönes Objekt aufmerksam machen. . .). Natürlich ist nicht die Rede davon, den anderen zu beschimpfen, um ein „WAS?!" zu erreichen. Die Arbeit zu Zweit hilft uns, die

Erinnerung an unsere eigenen Erfahrungen wiederzuerlangen und auch, uns von unseren eigenen Reaktionen zu distanzieren: ZURÜCK! — BRAVO! — GUT! — HOPP! — NA SOWAS!...

Das Spiel ist jetzt lebhafter, der Ton echter, die Antworten sind zahlreicher.

Wir stellen aber auch fest, daß man die Distanz zum auslösenden Partner variieren muß, damit seine Gegenwart als Stütze wirksam ist. Für den einen ist eine nahe Distanz eher stimulierend, für andere eher eine mittlere oder gar weite Distanz.

Wenn wir nach dieser Serie von Erkenntnissen unsere ursprüngliche Übung wiederaufnehmen, stellen wir fest, daß der Körper jetzt mehr einbezogen erscheint, trotzdem gestikuliert er eher als daß er wirklich den Ausruf unterstützt; und, je größer die Distanz wird, umso leichter besteht die Gefahr, daß die Interjektion entstellt wird.

Das führt uns dahin, daß wir die Schüler auffordern, uns die Interjektionen in den drei Distanzen (nahe, mittlere, weite Distanz) verständlich zu machen, aber diesmal ohne die Unterstützung der Stimme. Wenn ich den Klang weglasse, verzichte ich auf die Konvention der mitmenschlichen mündlichen Übermittlung. In der Tat wird die Interjetkion als Wort oft über Systeme der Bezugnahme zu schon Bekanntem verstanden; ich lese: ,,AU!'' und ich verstehe, daß dieses Wort bedeuten soll, daß sein Autor einen Schmerz empfunden hat. Die Interjektion ist zu einer Art kodierten Sprache geworden und hat mit der Zeit seine emotionale Kraft verloren. Sie ist zum konventionellen Vehikel geworden, um einen Zustand oder ein Gefühl auszudrücken und ist nicht mehr die Klangübermittlung eines überraschten Körpers.

So wie unsere Übung definiert ist, verlangt sie eine Bewegung, die ihren Ausgang nimmt von einem Atem-Schrei („souffle-cri"). Natürlich darf man nicht in eine andere Kodierung fallen, nämlich in eine Form der Pantomime von rein lokaler Verständlichkeit.

So wäre es fürchterlich, wenn der Anfänger — jetzt ohne Hilfe des Wortes — sich daran machte, die Hände hektisch gegeneinander zu reiben, seine Arme wie verrückt zu massieren, erst mit dem einen, dann mit dem anderen Fuß über die Wade zu fahren — all das, um uns nicht etwa verständlich zu machen, daß er wegen einer bösartigen Krätze unter Juckreiz leidet, sondern... daß ihm kalt ist, BRRR!

Man muß bei dieser Arbeit versuchen, den Druck der inneren Bewegungen wiederzufinden, die diesem BRRR zugrunde liegen und nicht etwa gestischte Erklärungen abgeben.

Je größer die Distanz ist, umso eher unterliegt man natürlich der Versuchung, sich auf Gesten mit sozialer Kodifizierung zu besinnen. Man muß daher seine Bemühungen dahingehend lenken, das ursprüngliche Gefühl, dessen intime Offenbarungen, wiederzufinden, eher als a priori lesbar sein zu wollen. Und das umso mehr — die Erfahrung beweist es — als Recherchieren nach Ehrlichkeit letztendlich lesbarere Resultate ergibt als jede gefällige Pantomime.

Wenn wir diese Erfahrung gemacht haben, nehmen wir die Übung wieder auf, so wie sie ursprünglich vorgeschlagen wurde. Wir stellen fest, daß der Anfänger sich von jetzt an wohler fühlt, daß seine Stimme besser klingt, daß er natürlicher erscheint, daß seine Ideen zahlreicher und nuancierter sind, daß er überzeugender spielt.

Die Interjektion — mündliche Offenbarung eines Gefühlsinhaltes — hilft den Sinn für Kreation zu entwickeln, indem sie uns zu einem Spiel „von innen heraus" führt.

B) Verben, Adjektive und Substantive, die sich auf Empfindungen und Wahrnehmungen beziehen.

1. *zum Verb BLICKEN:*

Arbeit über das Verb BLICKEN und verwandte Verben. Abstufungen und Nuancen.
— Entdeckung der Möglichkeiten:
Aufforderung an die Gruppe, auf folgendes zu blicken:
Wirkliche oder imaginäre Gegenstände,
Wirkliche oder imaginäre Orte,
Partner,
auf X verschiedene Arten.

Jeder Darsteller findet auf diese Weise unterschiedliche Arten des Blickens, wie er sie täglich selber ausführt oder bei anderen beobachtet.

Suche nach Nuancen in der Art und Weise des BLICKENS.

Diese Arbeit ist speziell auf Anfänger zugeschnitten. Wir schlagen folgendes Ritual vor:

Eine ziemlich kompakte Gruppe von Darstellern dreht dem Publikum den Rücken zu. Aus dem Publikum werden zum Verb BLICKEN passende Adverbien, nominale Ergänzungen u.s.w., zugerufen. Um diese Vorschläge zu interpretieren, drehen sich die Darsteller während des Spielens um, und kehren dann in die Ausgangsposition — Rücken zum Publikum — zurück.

Beispiele:

Man BLICKT...	HINTERLISTIG	MIT FESTIGKEIT
	DUMM	VERSTOHLEN
	GLEICHGÜLTIG	LANGSAM
	ZÄRTLICH	LÜSTERN
	UNVERSCHÄMT	HEIMLICH
	MIT VERACHTUNG	FEINDSELIG
	AUFMERKSAM	NEUGIERIG
	GERADEHERAUS	FURCHTSAM
	MIT BEWUNDERUNG	MIT ABSCHEU
	HERAUSFORDERND	SCHELMISCH
	VERSTECKT	MIT MISSACHTUNG
	SCHNEINHEILIG	VERLIEBT
	HASTIG...	

Es geht nicht darum, Lösungen durch Gesichtsmimik anzubieten, sondern diese unterschiedlichen Formen des Blickens durch den Körper lebendig zu machen. Der ganze Körper wird einbezogen in die Blick-Handlung: Es geht nicht um pantomimische Hinweise, sondern um das Durchdringen jeder Zelle, um winzige Modifikationen des gesamten Körpers. Darum auch beginnen die Darsteller ihre Interpretation mit dem Rücken zum Publikum — der Körper als Ganzes beginnt die Aktion — das Gesicht und die Augen bestätigen nur das körperliche Spiel. Die Rückkehr zum neutralen Ausgangspunkt heißt, wieder den Rücken zum Publikum kehren.

— Zum Wortfeld BLICKEN gehörende Verben und ihre subtilen körperlichen Interpretationen:

BETRACHTEN	MUSTERN	BELAUERN
ANGAFFEN	ERSPÄHEN	ANBLINZELN...

— Der Blick als „Berührung auf Distanz":

MIT BLICKEN STREICHELN	MIT BLICKEN BESCHIESSEN
MIT BLICKEN ERFORSCHEN	EINEN BLICK WERFEN
MIT DEM BLICK HERAUSFORDERN	JMD. MIT BLICKEN
SEINEN BLICK ABWENDEN...	AUSZIEHEN

Wenn die ganze Gruppe dasselbe Verb illustriert, versucht man, den gemeinsamen Nenner der verschiedenen Interpretationen herauszufinden.

2. *Eine identische Arbeit ist möglich mit Formen des BERÜHRENS:*

— Mit folgenden Werben für die Handlung:

DRÜCKEN	ZERQUETSCHEN	STREIFEN
SCHLAGEN	NEHMEN	PACKEN
REIBEN	EINDRÜCKEN	STREICHELN
KRATZEN	KNEIFEN...	

— Mit folgenden Adjektiven für die Art des Kontaktes und der Konsistenz:

- WIDERSPENSTIG, KNOTIG, RAUH, UNEBENMÄSSIG, HOLPRIG...
- GLATT, POLIERT, SATINARTIG, EBENMÄSSIG...
- CREMIG, ÖLIG, SEIFIG, ZÄHFLÜSSIG, FETTIG, SCHMIERIG, KLEBRIG, TEIGIG, SIRUPARTIG...
- FLAUMIG, SEIDIG, ZART...
- WEICH, SCHLAFF, GESCHMEIDIG, BIEGSAM...
- HART, STARR, FEST, STEIF...
- WARM, KOCHEND HEISS, LAU...
- KALT, EISKALT, GEFROREN, FROSTIG...

Mehrere verwandte Adjektive werden vorgeschlagen in der Hoffnung, daß eines davon beim Darsteller mehr einschlägt, eine Empfindung bei ihm auslöst und ihn aufrichtig spielen läßt.

Die verrinnende Zeit

Totem

Totem

Hiroshima

3. *Ähnlich kann auch verfahren werden mit Wörtern, die den Geschmack oder den Geruch betreffen, physische Aktionen, Gewicht, Temperatur...*

— zu Begriffen des Gewichts:
- SCHWER, GEWICHTIG, DICHT...

— zu Begriffen der Temperatur:
- WARM, HEISS, SOMMERLICH, TROPISCH, DRÜCKEND HEISS, SCHWÜL...

Diese Arbeit mit Wörtern, die sich auf Empfindungen und Wahrnehmungen bezieht, ist Hilfe zur Sensibilisierung, zur Bereicherung des Körpers und ist Vorspiel zur Erforschung der Übertragung.

C) **Die modalen Adverbien: Plastizität des Muskels, Qualitäten der Dynamik und des Tempos. Der Körper als theatralischer Ort, als dramatischer Ort.**

Häufig sieht man Schauspieler, Tänzer oder Mimen, die hervorragend ,,leichte tocs'' oder ,,schwere tocs''[(2)] beherrschen und trotzdem z.B.: sich FLINK umdrehen, PLÖTZLICH aufstehen, RUHIG vorwärtsgehen, sich SCHWER fallenlassen... nicht richtig umsetzen. Sie scheinen Gefangene einer perfekten technischen Lösung, die allerdings in darstellerischer Hinsicht unbrauchbar ist. Sie sind nicht in der Lage, ihre Fähigkeit zu Tun in die Fähigkeit zu Sein umzuwandeln.

Auf der anderen Seite sind oft Schüler in der Lage, folgendes zu illustrieren: PLÖTZLICH stehenbleiben, FEST halten, AUFBRAUSEND angreifen, LEICHT berühren..., haben aber Schwierigkeiten, dynamisch-rhythmisch richtige Lösungen zu finden, wenn es um abstraktere Situationen geht.

Es scheint, daß eine Annäherung an diese dynamisch-rhythmischen Qualitäten und deren Vervollkommnung möglich ist auf zwei sich ergänzende Verfahrensweisen: durch das Hineinstellen in eine Erlebnissituation; durch ein eher abstraktes technisches Training.

Unter all den Möglichkeiten, die wir ausgewertet haben jetzt zu denen, die die modalen Adverbien bieten: die **Nuancen des Lebens** als **Auslöser** für tempo-dynamische Qualitäten. In der Tat, um in größter Feinheit Adverbien wie: ,,energisch'' oder ,,prompt'' darstellen zu können, muß man auf unterschiedliche Qualitäten der Kraft und des Tempos zurückgreifen. Beide Adverbien setzen eine schnelle Ausführung voraus, aber ,,energisch'' erfordert größere Kraft, höhere Muskelintensität als ,,prompt''. Wenn wir die Aufgabenstellungen multiplizieren, können wir die Qualitäten der Kraft und des Tempos hervorrufen, wiedererwecken, verfeinern. Die Darsteller, die versucht haben, einige Adverbien zu verlebendigen, können diese Adverbien, so wie sie sie verstehen, in Aktionen und Spielsituationen einbringen.

Unsere Vorschläge bestehen aus einer Reihenfolge von 3 Aufgaben:

a. *Eine globale Annäherung an den Begriff des Dynamisch-Rhythmischen durch ein ,,In-Alarmbereitschaft-Setzen'' des Körpers.*

● LANGSAM und SCHNELL können verdeutlicht werden durch kontrastierende Bewegungen ausschließlich im Bereich des Tempos, LEICHT und STARK können sich mit Bewegungen begnügen, die auf entgegengesetzte Qualitäten der Kraft und der Muskelintensität zurückgreifen.

b. *Übung zu bestimmten Typen der Muskelqualität.*

● SCHWER, GEWICHTIG, HEFTIG, BRUTAL, ENERGISCH, rufen sehr viel Muskelkraft hervor, aber auch Nuancen im Gebrauch dieser Kraft.

● LEICHT und BEHUTSAM vermitteln sicherlich beide minimale innere Muskelspannung, geben aber auch Aufschluß über bestimmte Kraft-Linien (ansteigend für das erste Adverb, kontinuierlich für das zweite; siehe auch die Unterschiede der Interpretation zwischen: sich LEICHT vom Platz bewegen und sich BEHUTSAM vom Platz bewegen).

● SCHNELL, KURZ, AUGENBLICKLICH, BRÜSK, FLINK, ÜBERSTÜRZT, EILIG, PLÖTZLICH, PROMPT, LEBHAFT, BEHENDE... Auch wenn der Akzent auf der Schnelligkeit der Ausführung liegt, die bei bestimmten Aktionen die gleiche ist, so wird doch auch die Originalität jeder einzelnen Aktion deutlich. Wenn man spielt: BEHENDE aufstehen, so müssen die Bewegungen präziser und gewandter sein als bei der Aktion: ÜBERSTÜRZT aufstehen.

c. *Verfeinerung der tempo-dynamischen Qualitäten*

● BÖSE, SCHROFF, RUHIG, AUFBRAUSEND, UNGESTÜM, SCHLAGARTIG, INBRÜNSTIG, SPITZFINDIG, ZART... schaffen dramatische Situationen, in denen der Charakter und die Gefühle der Protagonisten die Aktion unterstützen, während z.B. SCHNELL sich zufriedengeben kann mit eher abstrakten Bewegungen. Wenn ich mich schlagartig umdrehe, erfinde ich eine Situation, die eine Überraschung auslöst; wenn ich mich ungestüm umdrehe, spiele ich mit mehr Leidenschaft, mit mehr innerem Aufruhr, mehr Wildheit.

Adverbien als Werkzeug für gestische Recherchen benutzen heißt Aktionen ermöglichen, die auf der Suche nach der

Form und nach dem Kern beruhen. Diese Arbeit am Konkreten, die gleichzeitig den ,,Innenraum" des Darstellers erschließt, erlaubt ihm, Quellen und Feinheiten in sich selbst zu entdecken, die das rein gymnastische Training niemals aufgedeckt hätte.

Natürlich können vergleichbare Resultate mit einer Menge anderer Wörter erzielt werden. Nehmen wir als Beispiel Themen wie: UNTERBROCHEN — UNUNTERBROCHEN, SCHWERE — SCHWERELOSIGKEIT, WEICH — STARR...

SUBJEKTIVE WIRKLICHKEIT

A) **Konform und konträr.**

Wenn wir eine Liste von Wörtern vorschlagen:

SCHÜCHTERN	AGRESSIVITÄT	BERECHNEND	SADISTISCH
SCHÖN	VERSÖHNLICH	MISSTRAUISCH	HÖFLICHKEIT
KALT	UNSCHULD	REINHEIT	KLEIN
ANGST	SELIGKEIT	SANFTHEIT	FEIGHEIT
DICK	DURST	GESCHWÄTZIG	LASZIV...

erhalten wir sicherlich spontane Reaktionen verschiedener Art. Aber wenn wir sie analysieren, beobachten wir, daß der Anfänger sich oft auf einen bestimmten Typus von Antworten beschränkt. So sehen wir zum Thema ICH BIN STARK:

- Den Brustkorb aufblähen, die Arme vom Körper abspreizen, sich in die Brust werfen, O-beinig gewichtigen Schrittes gehen, mit ruhiger und zufriedener Miene.

Diese Lösung ist eine Art Kopie, die konform geht mit dem Modell, eine fast wörtliche Übersetzung des Textes, eine Form der Paraphrase, denn die körperliche Interpretation scheint nur eine erklärende Ausführung des gestellten Themas zu sein. Sie geht konform mit der konventionellen, allseits anerkannten Norm. Diese stereotypen Gesten, die ohne Zweifel zur besseren Lesbarkeit verwendet werden, sind Signale: sie geben nicht den echten Ausdruck dessen wieder, der sie ausschickt.

Wir nennen diese Antwort: **konforme Paraphrase.**

Wie soll man einen Anfänger, ohne seiner Sensibilität, seiner Diskretion oder seiner Bereitschaft Gewalt anzutun, ohne auf direktive Art ein Modell aufzuzwingen, dahin bringen, sich nicht mit diesen Antworttypen als einzigen zufriedenzugeben, die ohne Zweifel oft ausgezeichnete Fassaden abgeben, die ein

Unvermögen kaschieren — mit welchem Talent auch immer sie ausgeführt werden?

Das Prinzip ,,Gruppe, der zugeschaut wird'' und ,,Gruppe, die zuschaut'' läßt den Anfänger sehr schnell zugeben, daß es zahlreiche unterschiedliche Interpretationen ein und desselben Themas gibt. Er wird dahin geführt, von sich aus andere Antworten zu geben als die, die er spontan am liebsten gibt.

Vielleicht wird er seine eigenen Quellen entdecken oder das auszudrücken wagen, was er selber zensiert aus Mangel an Zutrauen zu seiner Übermittlungskraft, aus Konformismus mit dem, was er für moralische oder soziale Verbote etc. hält.

So lassen wir den Antworten als **konforme Paraphrase** Antworten folgen, die **konform** sind, die **konträre Paraphrase** sind, die **konträr** sind.

— Die **konforme** Interpretation:

Wir verlangen vom Darstellenden, nicht mehr erklärend zu sein, sondern eine persönliche Antwort zu geben, die seinem Geschmack entspricht, seinem Temperament, seinen Erinnerungen, seinen Assoziationen, seinen Meinungen. . . etc. Diese KONFORME Antwort, in der sich Thema und Darsteller treffen, kann in bestimmten Fällen nicht unmittelbar vom Publikum als Illustration des gestellten Themas verstanden werden, und dennoch. . . So haben wir zum Thema ICH BIN STARK gesehen:

● Ein Darsteller sitzt in ganz normaler Haltung, lächelt kaum wahrnehmbar, den Mund süffisant verzogen, die Augen halb geschlossen, während die anderen sich erregen, sich mit Füßen treten, weinen, schreien.

— Die Interpretation als **konträre Paraphrase:**
Es handelt sich hier um eine Art geistiger Gymnastik, die das gestellte Thema gleich in sein Gegenteil verkehrt, was den

Inhalt betrifft. Die Form hingegen bewahrt ihren konventionellen oder stereotypen, beschreibenden Ausdruck. Die Bewegung als **konträre Paraphrase** steht also im Dienste einer Idee oder eines Themas, das jedoch ausdrucksmäßig anders verwendet wird, als traditionell üblich. So zum Thema MIR IST KALT:

● Ein Darsteller schlägt seine Knie ostentativ gegeneinander, klappert mit den Zähnen, reibt sich die Arme mit überkreuzten Händen; doch trotz dieser konventionellen äußeren Zeichen des Frierens drückt er in seinem Spiel klar aus, daß ihm überhaupt nicht kalt ist.

Das Thema ICH BIN STARK kann folgendes ergeben:

● Der Darsteller versucht, die anderen zu beherrschen: er bläht seinen Brustkorb auf, wirft sich in die Brust, spreizt die Arme vom Körper ab, geht O-beinig mit gewichtigen Schritten — wie als **konforme Paraphrase,** aber durch sein Spiel läßt er spüren, vielleicht durch eine ganz kleine Andeutung (zusammengepreßte Knie, eingezogene Schultern, ausweichender Blick), daß er unruhig, schwach ist.

— Die **konträre** Interpretation:
scheint im Gegensatz zu stehen zum gestellten Thema wie KLEIN der Gegensatz ist zu GROSS und oft sogar überhaupt keine Beziehung mehr zu haben zum anfänglichen Vorschlag. So können wir zum Thema ICH BIN STARK sehen:

● Ein Darsteller geht pfeifend einher oder deutet einen Mazurkaschritt an oder beginnt zu gähnen, zu essen, etc. . .

Nachdem die Studenten sich systematisch in jedem Antworttyp erprobt haben, versuchen sie, zu einem einzigen Thema ohne Unterbrechung und unmerklich vom **Konformen** zum **Konträren,** von der **konformen Paraphrase** zur **konträren Paraphrase** überzugehen. Schließlich, in einer dritten Phase, spielen sie zusammen in einer kollektiven Improvisation und greifen die geeigneten Momente auf, den einen oder anderen Antworttyp einzusetzen.

So zum Thema ESSEN TUT GUT:

● Drei Darsteller irren herum, ausgedörrt von Durst und Hunger, erlöschenden Blickes, ohne Hoffnung auf Rückkehr; zwei andere greifen sich gegenseitig an, zerfleischen sich wegen eines Stückes Brot — all das, während andere einen Wiener Walzer mit sehr viel Grazie tanzen, während ein vollgefressener Dickwanst mit Herablassung die Reste seiner Mahlzeit verteilt und dazu summt „Im Leben geht alles vorüber. . .", und ein frömmelnd Lächelnder mitten durch die Menge geht und Psalmen vor sich hinmurmelt, und schleißlich sich ein Letzter reichlich erbricht.

Wenn man einem Anfänger vorschlägt, das Konträre des Themas zu interpretieren, so heißt das oft, ihm zu helfen, auf bestimmte Anforderungen, die ihn aus verschiedenen persönlichen Gründen unfähig machten, trotzdem mit einer Lösung zu reagieren; das heißt auch, ihm zu helfen, Kontrapunkte zu entdecken, Beziehungen. . .

Einen anderen dazu anregen, konforme Antworten zu benutzen heißt, ihn zu gründlicherem Erforschen seiner eigenen Subjektivität zu führen und ihn davon abzuhalten, oberflächlich zu bleiben.

Von einem Dritten verlangen, konforme und konträre Antworten zu benutzen heißt, ihm die Möglichkeit zu geben, den Rhythmus seines Spiels zu variieren und zu bereichern. . . etc.

Sich mit den Möglichkeiten konformer und konträrer

Formen auszudrücken erfordert zugleich Spontaneität und Anstrengung. Durch das Spiel mit Assoziationen und Widersprüchen erlaubt diese Ausgangsform, gedanklich präzise und ausdrucksstark zu sein. Gleichzeitig fördert sie den Dialog innerhalb der Gruppe.

Diese Suche nach einer subjektiven Realität führt zu Kreationen, die stärker mit der Person verbunden sind, führt zur Kommunikation mittels einer ausgearbeiteten körperlichen Sprache.

Dieses Training ist auch mit anderen Auslösern als Wörter oder kurze Sätze anwendbar, z.B.:

— Konkrete oder beschreibende Geräusche: Lärm des Maschinengewehrs, Gähnen, Niesen, Pfeifen, Explodieren einer Bombe, Ticken eines Weckers, Sirenen von Polizei- oder Krankenwagen...

— Abstrakte oder lyrische Klänge: moderne, traditionelle Musik...etc...

B) **Spiele.**

— DIE BUCHSTABEN.

Schon die Wörter lassen häufig unsere Gedanken vagabundieren. Mehr noch als Wörter führen uns Buchstaben in die Kaleidoskop-Welt des Spiels, das da heißt: ,,Wörter mit dem Anfangsbuchstaben...", ein bizarres, faszinierendes Spiel unserer Kindheit, als wir die Lexika durchblätterten und um jeden Buchstaben des Alphabets Gegenstände, Personen, Tiere tanzten, die außer ihrem Anfangsbuchstaben keine Gemeinsamkeit hatten.

Ein Beispiel:

Das **T** ist umgeben von einer TAUBE, die TUBA spielt, daneben ein TISCH mit einer TRIANGEL, zwischen deren

Beinen ein TORNADO tobt, in dem ein TAPIR Luftsprünge macht, nicht weit von ihm fährt ein TROLLEYBUS vorbei, dem ein TRAPPER keinerlei Beachtung schenkt, während ein TUAREG einem TUNNEL den Rücken kehrt, etc...

Eine Improvisation zu diesem Thema ist verlockend und leicht zu erstellen. Das Spiel bleibt individuell. Man kann sich vom Graphischen des Buchstabens inspirieren lassen, oder die Wörter (Interjektionen, Substantive, Adjektive, Verben, Eigennamen) ausspielen, die mit diesem Buchstaben anfangen.

Zunächst wird ein Buchstabe vorgeschlagen. Die Darsteller sagen mit lauter Stimme das Wort, das ihnen einfällt und wiederholen es auch, wenn sie wollen. Sie können mehrere Interpretationen suchen und, wenn sie Lust haben, das Wort wechseln, etc... Dieser Einstieg in ein Spiel schränkt nicht ein, denn die möglichen Lösungen sind unzählbar. Anfänger können sich auf Anhieb absolut wohlfühlen. Das Spiel hemmt nicht a priori; es bestärkt durch seinen kindlichen Anspekt und durch die Unmöglichkeit, ohne Ideen zu bleiben.

Ergebnisse:

Der Buchstabe „B" wird vorgeschlagen.

Antworten (Es ist schwierig, alles Angebotene zu notieren, wenn die ganze Gruppe agiert):

BRRR... — BÄ! — BAAAH! — BOOT — BULLE — BEEFSTEAK — BAUCH — BRUMMEN — BITUMEN — BÖRSE — BACKPFEIFE — BUSINESS — BAD — BAUMSTAMM — BOMBE — BRUTAL — BUS...

Gruppenwechsel. Die Zuschauergruppe wird zur Darstellergruppe.

Der Buchstabe „O" wird vorgeschlagen.

Antworten:

OH! (in verschiedenen Tonlagen) — OHR — OLIGARCHIE — ORDEN — ORKAN — OBST — OBEN — OCHSE — OFEN — ORGEL — OHNMACHT. . .

Neuer Gruppenwechsel.

Der Buchstabe ,,M" wird vorgeschlagen.

Antworten:

MÄÄ! — MIST — MONSTER — MASCHINE — MUS — MUSKEL — MÜCKE — MÖRDER — MESSE — MANAGER — MAMA — MEDIZIN — MAUS — MASKE. . .

Aufgrund der Tatsache, daß jeder die Wörter des anderen hört, können diejenigen, die gerade ein Blackout haben, einen Wiedereinstieg finden, z.B. durch die Ähnlichkeit des Wortklanges (MUS — MUSKEL), durch Assoziation (ORDEN — OFFIZIER), oder durch einen radikalen Gegensatz (MÖRDER — MESSE).

— DEN VIELSCHICHTIGEN SINN EINES WORTES WIEDERENTDECKEN.

Wörter haben nicht immer nur eine Bedeutung.

Ein und dasselbe Wort kann mehrere Realitäten bezeichnen oder einen Wörtlichen und einen Figurativen Sinn haben.

Beispiele:

Das Wort ROLLE: PapierROLLE, ROLLE vorwärts, eine ROLLE spielen. . .;

Das Wort SINN: die 5 SINNE, etwas im SINN haben, von SINNEN sein. . .;

Das Verb SCHLIESSEN: eine Tür SCHLIESSEN, ein Bündnis SCHLIESSEN, jemanden ins Herz SCHLIESSEN...;

Das Adjektiv BLAU: die BLAUE Blume, BLAUER Montag, mit einem BLAUEN Auge davonkommen. . .

Ein und dasselbe Wort kann auch zur Metapher werden.

Z.B.: das LÄCHELN der Sterne; der SCHMELZ der Jugend. . .

Arbeitsbeispiel:

Abstrakte Wörter wie: KOMMUNIKATION, ERSCHÜTTERUNG, REVOLUTION, VERWICKLUNG, AUSDEHNUNG, AUSSCHALTUNG, KONVERGENZ. . . sollen auf 3 verschiedene Arten dargestellt werden.

Hier einige Resultate einer Fortgeschrittenen-Gruppe, die zunächst die unterschiedlichen Bedeutungen eines Wortes in Betracht zog, dann verschiedene Realisationen fand, denen sie eine jeweils andere Gruppenstruktur zugrunde legte.

Beispiel ERSCHÜTTERUNG:

1. Die ERSCHÜTTERUNG der Menge, die einem Redner zuhört, den sie ,,anbetet''.

2. Die ERSCHÜTTERUNG der Erde (Cosmomorphisme).

3. ERSCHÜTTERUNGEN, die die Passagiere einer Barke erleben; sie werden naß, aus dem Gleichgewicht gebracht; sie fallen ins Wasser.

Beispiel KOMMUNIKATION:

1. Telefonnetz: Verbindungen herstellen.

2. Kommunikation durch den Blick.

3. Ein kommunikativer Lachausbruch (ansteckendes Lachen).

Beispiel AUSDEHNUNG:

1. Ausdehnung bestimmter Körper durch Hitze.

2. Crescendo abstrakter Bewegungen, die eine Ausweitung, ein pflanzliches Wachstum hervorrufen.

3. Allmähliches Öffnen der Augen bis zu einem Maximum an Intensität.

Beispiel REVOLUTION:
1. Veränderung der Gesellschaft durch radikale Mittel.
2. Periodische Wiederkehr derselben Bewegungskette.
3. Durch Agitation und Aufruhr plötzlicher Zusammenbruch der Gruppe, die sich bis dahin in einem offensichtlichen Gleichgewicht befand.

C) Resonanzen des Wortes. Wirklichkeit und Phantasie. Interpretationsfelder.

1) Gehen wir von einem Stammwort aus, das banal erscheint, aber reich ist an Auslösern: das Wort HERBST. Wir schlagen der Gruppe vor, alle Wörter auf eine Tafel zu schreiben, die das Wort HERBST durch Assoziationen bei ihnen hervorruft. Das kann z.B. ergeben:

BAUM	BLÄTTER	NEBEL	FRÖSTELN
SCHWANKEN	VIBRIEREN	HERUMWIRBELN	REGEN
FEUER	ASCHE	RAUCH	WINDSTOSS
NASS	KALT	GELB	DAVONFLIEGEN
TOD	FRIEDHOF	CHRYSANTHEME	ERNTE
S. LOSREISSEN	GETRENNT SEIN	JAGD	PILZE
TOTES HOLZ	HUMUS	etc...	

Die reine Tatsache, daß das Wort in Empfindungen verwandelt wird, in Eindrücke, Materie, Düfte, Farben, Bewegungen, führt uns in ein konkretes Universum zurück; durch die Vorstellungskraft werden frühere Ereignisse wiederbelebt und aktualisiert: die Wärme einer Pelerine, der Gang durch einen Regensturm, der aufdringliche Geruch des Unterholzes... Die Assoziationen vervielfältigen sich, sowohl durch persönliche Gedankenwanderungen, als auch durch ein Wie deraufflodern, hervorgerufen durch Wörter, die die Gruppe einwirft.

So löst das Wort BAUM → BLATT aus, dieses wiederum SCHWANKEN → VIBRIEREN → HERUMWIRBELN...

Im Zusammenhang mit dem Begriff HERBST läßt das Objekt BAUM dynamische Bilder entstehen, die den Körper ansprechen und sich durch Mimesis in Bewegung umwandeln lassen.

Die Interpretation ist abhängig von der Fähigkeit zur Abstraktion, dem Alter, dem kulturellen Hintergrund und der individuellen Neigung zum Symbolhaften, zum Humor, zum Lyrischen etc...

Die Kinder oder die Studenten arbeiten individuell oder finden sich in Gruppen zusammen und wählen mehrere Wörter aus, um sie körperlich zu spielen — zu illustrieren — in Szene zu setzen. Eine gewisse Zeitspanne wird ihnen gegeben, damit sie sich besprechen, ihr körperliches Spiel und die Gruppenkonstruktion ausarbeiten können.

Beispiel: Sportstudenten im 2. Studienjahr, die sich entschieden haben, in kleinen Gruppen zu Dritt zu arbeiten.

Die Gruppe I konzentriert ihre Darstellung auf KALT, TOTER BAUM, FEUER, ASCHE. Die Rollenverteilung: ein menschliches Wesen, umherirrend, einsam; die beiden anderen stellen durch Cosmomorphisme dar: TOTER BAUM, FEUER, ASCHE.

Es ist klar, daß hier die Qualität des Spiels von mehreren Faktoren abhängt: der Glaubwürdigkeit, der mehr oder weniger großen körperlichen Geschicklichkeit (die Kraft der Suggestion verstärkt sich, wenn der Körper so beweglich ist, daß er die Starre des Holzes, den Tanz der Flammen, den Zerfall von Materie in Asche ,,mimen" kann).

Die Gruppenkomposition — statisch, organisiert — erreicht schon ein bestimmtes Niveau der Übermittlung. Der Eindruck, der von ihr ausgeht, ist von extremer Melancholie.

Die Gruppe II wählt das Wort NEBEL und interpretiert es auf drei verschiedene Arten als Kollektiv:

a) Scheibenwischer: 3 simultane unterschiedliche Versionen (Unterarm, gradliniger Rumpf, Beine);

b) Menschen, die im Nebel umherirren und sich suchen;

c) Gestaltung durch Cosmomorphisme: verworrene Formen, die sich am Boden in ,,fondu''-Technik fortbewegen.

Die Gruppe III wählt: KALT, SICH LOSLÖSEN, VIBRATIONEN (Wellen auf einem Teich). Einzelinterpretationen nacheinander, der eine drückt KALT aus, der Zweite SICH LOSLÖSEN, der Dritte VIBRATIONEN.

Die Gruppe IV wählt: VIBRIEREN, ZITTERN, HERUMWIRBELN. Jeder interpretiert auf seine Weise die drei Wörter. Es gibt also drei simultane Versionen von VIBRIEREN, drei simultane Versionen von ZITTERN, etc. . .

Nur die Gruppen I und II haben eine Gruppenkonstruktion erstellt mit Beziehung der Darstellenden untereinander. Die anderen Gruppen sind übereingekommen, ein Kollektiv zu bilden mit individuellen Lösungen.

Die Tatsache, daß eine Person oder eine Gruppe bestimmte Wörter bevorzugt, kann bedeuten, daß es sich um eine affektive Wahl handelt, kann aber auch heißen, daß ein geringerer Schwierigkeitsgrad gewählt wird (bestimmte Dinge sind körperlich leichter umzusetzen als andere).

Die Art der Zusammenarbeit in der Gruppe deckt einiges auf: manchmal wird eine intensive Verbindung nicht gewünscht oder die Übereinkunft ist schwer aufrechtzuerhalten; manchmal hingegen entstehen Harmonien und Verteilung der Aufgaben im ersten Moment; manchmal findet die

Gruppe nach Streitigkeiten und Diskussionen doch noch ihren modus vivendi. Bei den Gruppen III und IV spielte die Übereinstimmung nur bei der Wahl der Wörter eine Rolle; und trotzdem, auch wenn die Interpretation individuell blieb, so hatten die 3 Studenten nicht den Eindruck von ,,Einsamkeit"; die Situation ,,zu Dritt sein" macht Mut, auch wenn sie für den Zuschauer individuelles Spiel bleibt.

Besonders mit Anfängern kann es geschehen, daß die Ergebnisse ausgesprochen kindlich ausfallen.

Beispiel: Dieselbe Aufgabe wurde in Belgien mit lehrenden Erwachsenen durchgeführt. Das Wort WIND wurde folgendermaßen dargestellt: mit dem Mund blasen in Richtung von Personen, die Blätter repräsentieren; die wiederum fallen zu Boden mit einer — leider — zu menschlichen Schwere...

Man stellt fest, daß diese Kindlichkeit von einem Mangel an Stimmigkeit zwischen der Absicht (die selber nicht kindlich ist) und dem Übergang zur Handlung herrührt. Sie ist auf die Unfähigkeit des Körpers zurückzuführen, so zu funktionieren, daß eine Absicht, so gut sie auch sein mag, ihre Wirkung entfaltet.

Wenn der Körper nicht in der Lage ist, sich zu modellieren, sich zu verwandeln, sich der Idee anzupassen, kann er nicht Bedeutungsträger sein.

Anders gesagt ist der ,,Tastsinn" der Muskeln auch ein Element, das Ausdruck **und** Bedeutung bestimmt.

Das setzt eine ganz **bestimmte** Beherrschung des Körpers voraus.

Kursus mit Tänzern in Norwegen.

Zum ersten Mal wird ein Kursus ,,Expression corporelle" im Programm angeboten. Die Mehrheit der Teilnehmer sind Tänzer; viele sind eingeschüchtert, ja sogar verängstigt, denn der Kursus hält keine Übungen bereit, sondern verlangt gleich zu Anfang Einbildungskraft, Beobachtungsgabe, Reflexion.

Eine individuelle Arbeit wird vorgeschlagen, ausgehend vom Wort SEE. Diese Wahl ist nicht zufällig; der Lehrgang findet an einem Seeufer statt, die Räume liegen zum See hinaus, zwischen den Kursen können die Teilnehmer schwimmen oder sich im Gras sonnen. Ein Tannenwald und Felder umgeben den See. Der Lauf der Sonne verleiht dem See je nach Uhrzeit unterschiedliche Transparenz, Farben, Stimmungen und Gesichter.

Wir machen den Teilnehmern deutlich, daß es sich um eine persönliche Interpretation handelt, um eine Art körperliches Gedicht, das von verschiedenen Eindrücken ausgeht, und das sie auf alle möglichen Arten entwickeln können (tänzerisch, mimisch, sportlich); daß eine Geschichte oder ein Szenario nicht notwendig ist, sondern daß es ausreicht, einen oder mehrere Eindrücke auszuwählen und sie zu umschreiben, bzw. sie durch eine freie körperliche Schreibweise zu entwickeln.

Bis auf 2 Ausnahmen sind die Resultate enttäuschend, eher ärmlich: während diese Tänzer bzw. Tanzstudenten vertraut sind mit klar definierten Bewegungsformen, so scheinen sie vollkommen ratlos einer Aufgabe gegenüber, die ihnen die größte Aktionsfreiheit gewährt, und die sich auf eine allen bekannte Realität bezieht.

Dennoch ziehen 2 Versionen die Aufmerksamkeit auf sich:

● X. bleibt während des ganzen Ablaufs sitzen; zunächst suggeriert er das Schwanken eines vor Anker liegenden Bootes, dann drückt er einen Zustand des Wohlergehens aus; dynamischer Bruch durch eine lebhafte Handgeste, die einen springenden Fisch vortäuscht; mit beiden Armen Bewegungen eines Ruderers, Rückkehr zu einem Zustand des Versunkenseins, dann spielen die Hände das plötzliche Davonfliegen eines Vogels.

X. hat geschickt einen unserer Vorschläge aufgegriffen und entwickelt: ,,Es ist nicht notwendig, vom Platz zu gehen; ihr könnet von einer Situation in eine andere überwechseln ohne logischen Zusammenhang, eine Serie von Spots aufeinander folgen lassen."

● Y. hat als Grundlagen ihres Spiels die horizontale Ebene und die ,,ruhige Langsamkeit" gewählt: sie entdeckt eine horizontale Ebene und tastet sie ab, zunächst mit dem Blick, dann mit dem Kopf, dann mit den Armen.

Das Prinzip ihrer Arbeit ist radikal anders: Y. hat sich auf einen einzigen Aspekt der Realität See konzentriert, d.h. auf eine Dominante: Ruhe-Weite-Horizontale, davon ausgehend entwickelt sie ihre Darstellung.

Man kann an diesen 2 Beispielen leicht erkennen, daß das Resultat einer Arbeit mit dem Ausgangspunkt Realität immer — mehr oder weniger — übertragen wird; denn dann ist es möglich zu **suggerieren** statt zu **reproduzieren.**

X. hat eine Gestaltung übertragen, in der man Aktionen erkannte (rudern), Befindlichkeiten oder Gefühle, die Dynamik von Tieren (Gestaltung von Fischen und Vögeln durch die Hände). Das Gelingen seiner Darstellung beruhte auf einer imitativen dynamischen Genauigkeit (Sprung und Wiedereintauchen des Fisches, schwirrender Abflug des Vogels), auf der körperlichen Fähigkeit, den Körper im Sitzen in einem Zustand der Kristallisation schwanken zu lassen (nicht verformter Körper als Block) und auf einer Qualität des Jeu comédien.

Y. hat eine eher abstrakte Arbeit konzipiert, ausgehend von der Dominanten Horizontale, die zum wahren Thema ihrer Suche wird, und die sie gestisch im Raum entwickelt. Dennoch ist diese Arbeit nicht wirklich mit einer mathematischen Ausarbeitung zu vergleichen: das Spiel mit dem Blick, die Menschlichkeit, die frei wird bei dieser Erforschung und Betrachtung der Horizontalen, berühren uns und verwandeln ein Spiel, das rein räumlich hätte sein können, in eine Art poetischer Träumerei.

Kommen wir zum Fall X., dem klassischen Tänzer, zurück: in keinem Moment hat er seine Tanztechnik benutzt: er hat sich ,,zurückgehalten'' in der Bewegung, er hat ein Maximum an Eindruck zu übermitteln versucht mit einem Minimum an Bewegung, aber Dynamik und Tempo und die Abstufung von Spannung waren perfekt dosiert (ein Mehr oder Weniger an Druck, Vibrationen beim Abflug, lebhaftes Auftauchen des Fisches), auch sein innerer Rhythmus war richtig (Schwanken, Wohlbefinden, Blick). Sensibilität, Genauigkeit der Umrisse, die Fähigkeit, die Dynamik fein zu dosieren und zu modulieren, die Kraft der Muskeln zu **explodieren** oder **zurückzuhalten:** hier zeichnen sich bestimmte Muster für eine Beherrschung des Körpers ab, für die Formung dieses ,,affektiven Athleten'': des Mimen, des körperlichen Darstellers.

Die anderen Versuche waren ganz einfach mittelmäßig: sehr wenige Ideen oder Vorhaben, die ungeschickt ausgeführt wurden: im Wasser schwimmen, im Wasser gehen, der Versuch, ein Wasserhuhn zu imitieren. Gewisse Schauspieldebütanten (nicht Tänzer) hätten es besser gemacht.

Damit es nicht bei diesem Mißerfolg bleibt, entscheiden wir uns, am Ende des Lehrgangs dasselbe Thema noch einmal aufzugreifen, diesmal draußen, unter den Bäumen, in unmittelbarer Nähe des Sees. Wir gehen ruhig am Ufer entlang und beobachten alles, was sich bewegt: das Schwanken der Bäume, des Astwerks, der Blätter, das Zittern der Gräser, des

Schilfs, Vibrationen des Lichtes, die feine Dynamik der Vögel, wenn sie hüpfen, picken oder davonfliegen. Wir gehen ins Wasser, empfinden noch einmal den Kontakt der Füße mit dem Schlamm, den Druck des Wassers, das Schwimmen, das Treibenlassen, das Bewegen im Wasser, unter Wasser. Wir sehen ins Wasser: unterirdisches Leben, Algen, Insekten, Schwärme von kleinen Fischen. Wir sind auf der Lauer nach Wellen, nach Licht, nach allem, was rauscht, gleitet, ausbricht.

Eine wahre Lektion des Beobachtens: ein Unendliches an Bewegung, an Dynamismen bietet sich an. Die Materialien sind unzählbar. Bleibt nur sie auszusondern, sie zu verlebendigen, sie zu übermitteln. Heute heißt die Aufgabe SEE — IMPRESSIONEN, und zum ersten Mal arbeiten wir im Freien.

Natürlich können alle Spielebenen benutzt werden (die Kursteilnehmer sind inzwischen vertraut mit den Begriffen jeu comédien, évocation, cosmomorphisme). Ohne sie an dieser Stelle zu beschreiben muß man sagen, daß alle vorgestellten Versionen sensibel waren, fühlbar richtig, bewegend; der natürliche Rahmen, von dem man hätte annehmen können, er annulliere die menschliche Bewegung oder er sei ein Faktor, der die Aufmerksamkeit ablenkt, befand sich, wie sich herausstellte, in vollkommener Harmonie mit der Vorstellung, deren Ursprung, deren Thema er selbst war.

Kurz, der ,,anschauende" Unterricht hatte seine Früchte getragen. Dieses ,,Eintauchen" der Sinne in die objektive Realität schien die Anpassungsfähigkeit der Teilnehmer aufzuladen und zu nähren; durch die Aufgabe wurden sie dazu geführt, die Dinge mit einem neuen Blick zu erfassen, in die Intimität der unendlichen Skalen der Bewegung, die die Natur bietet, einzudringen: Schwanken, Zucken, Schwingen, kreisförmige oder geradlinige Bewegungen, Zittern, Vibrieren, Stöße,

Ausbrüche, Wellenbewegungen, Druck, Beschleunigung, Verlangsamung, fondu ralenti, gleitende, ruckartige Bewegungen...

Im Lichte dieser beiden Erfahrungen, die definitiv unterschiedlich waren — denn die erste bezog sich auf ein vorgestelltes, die zweite auf ein reales, sichtbares, tastbares Universum — könnte eine Dialektik der **wahrgenommenen** und der **geträumten** Realität entstehen.

Vielleicht war die reale und omnipotente Gegenwart des SEEs beim ersten Mal ein Hemmnis und schuf eine Art Unvermögen: das ,,Sehen'' machte das ,,Vorstellen'' unmöglich. Im geschlossenen Raum, weitab von jeder natürlichen Umgebung, hätte dasselbe Thema vielleicht in schärferer Form Empfindungen und Bilder wachgerufen. Die Nähe des Sees, die Vielfalt der durch die Umgebung gebotenen Perspektiven, haben verhindert, daß eine subjektive Sicht sich als Dominante einstellte, in den Bewußtseinsbereich eindränge, und haben einer selektiven Entfaltung der Vorstellungskraft einen Riegel vorgeschoben.

Als die Erfahrung hingegen zum zweiten Mal gemacht wurde, ist sicher, daß die direkte Beobachtung der Phänomene: Bewegungen, Materie, Formen, Ereignisse, dazu beigetragen hat, das Sehen zu verbessern, die Bewegungen, Dynamik und Rhythmus, und die Spielqualität der darauffolgenden Darbietungen zu bereichern, zu präzisieren und zu verfeinern.

So wird allmählich deutlich, wie sehr das Aktivitätsfeld des kreierenden Menschen schwankt zwischen der **objektiven Wahrnehmung** (untersuchen, Details beobachten, nach Art der Insektenforscher, ohne Leidenschaft), der **subjektiven Erfassung** (nur das bewahren, was berührt, Aufmerksamkeit erweckt, anspricht) und der **distanzierten Träumerei** (irgendwo, mit Entfernung zu Raum und Zeit), die die Realität verformt, verzerrt, umgestaltet, bis sie zu einer neuen, von ihm selber geschaffenen Realität wird.

Ebenso kann man die Vielfalt der Kunstrichtungen definieren als ein mehr oder weniger großes Sich-Entfernen von der objektiven Realität.

Z.B. in der Malerei:

— *Getreue Wiedergabe der Realität* in Abhängigkeit von der Sichtweise einer Epoche: quasi photographische Gestaltung, Genauigkeit im Detail: gewahrt werden Umriß, Perspektive, Anatomie, Proportionen, Faltenwurf...

— *Der Akzent liegt auf einem Aspekt der Realität,* der zu plastischem Wert erhöht wird nach wechselnden Prinzipien, abhängig von der Sicht einer Epoche, einer Schule oder eines Neuerers: Beispiel Deformation des Wirklichen auf der Ebene der Anatomie (GRECO, MODIGLIANI), des Räumlichen (Heures du DUC de BERRY, KUBISMUS), der Linienführung (NAIVE MALEREI, EXPRESSIONISMUS), der Farben (IMPRESSIONISMUS). Die Realität ist erkennbar, aber die subjektive Sicht ist vorherrschend.

— *Entfernung von der alltäglichen Realität, vom ,,Motiv",* zum Traumhaften hin, zum Non-Sens, zum Phantastischen, zum Surrealismus. Entfremdung, Traum, Erforschung der Tiefen, Verherrlichung des Imaginären.

Der Sozialistische Realismus, auf prosaische Weise figurativ, ideologisch dazu verurteilt, nur figurativ zu sein, ist eine kastrierte Kunst, da sie vorherbestimmt ist. Er verdammt uns zur Begegnung mit der alltäglichen Welt und hält uns darin gefangen. Die surrealistische Malerei trägt uns über die wahrgenommene Realität hinaus, über uns selbst hinaus oder projiziert uns außerhalb unserer selbst, in eine Fremdheit, in eine Irrationalität, in eine Überwindung der Erscheinungen.

Die surrealistische Malerei spricht von einer ANDEREN als der sichtbaren Realität. Mann kann sie nicht als Fiktion betrachten. Ein Phantasma hat ebensoviel Wirklichkeit wie ein Arbeiter, der ins Bergwerk steigt. Und dennoch kann DALI sich dazu verleiten lassen, ein Klavier zu malen oder MAGRITTE eine Zugposaune. Aber der Kontext ihrer Bilder, auch wenn sie Elemente der Realität enthalten, hat nichts zu tun mit der Malerei des Sozialistischen Realismus, die auf einer primären Symbolik beruht, nicht erträumt, nicht interpretiert, die Abbild einer erkünstelten, gezügelten Kunst ist, Anti-Kunst.

Dieser Gebrauch der Gegebenheiten der Realität im Hinblick auf einen nicht realistischen Ausdruck, häufig zu finden in der surrealistischen Malerei, zeigt auf, daß der Künstler niemals total von der wahrgenommenen Realität losgelöst ist, aber daß er Abstand nötig hat, Entfernung vom Raum und von der Zeit, um die Essenz der Dinge zu erfassen, deren Widerschein, deren Spuren, die sie in ihm hinterlassen haben.

Wenn auch die Realität unser Meister ist, indem sie uns Stoff liefert zu sehen, zu fühlen, zu genießen, zu leiden, zu bewundern, zu zweifeln, so hat der Künstler die Macht, Werke zu erschaffen, die ein wenig von ihm selbst auf der Welt zurücklassen.

D) **Einen Raum wiedererleben — wiedererschaffen.**

Wir erleben den Raum, die Räume, in denen wir uns bewegen, auf affektive Weise.

Auch wenn die Kindheit weit hinter uns liegt, so bewahren wir in uns die Spur von Gefühlen, die unsere ersten Beziehungen zum Raum prägen. Diese Eindrücke, die Erfahrung und Vernunft korrigiert haben, tauchen im Erwachsenenalter wieder auf und drängen sich als ,,Ur-Werte'' in bestimmten

Situationen auf: bei Ortsveränderung, Reise, Einsamkeit, Zusammentreffen mit Orten oder Objekten, die uns vertraut erscheinen.

Hier eine Liste von Adjektiven, die wir eines Abends aus Spaß schnell in Bilder verwandelten.

RUND, ECKIG riefen hervor:	EI, KUGEL, FÖTUS, und MÖBEL, SICH STOSSEN...
WEICH, SPITZ ...:	BRUST, KISSEN, WOHLBEFINDEN, und NADEL, MÜCKE, SCHMERZ, KRÄNKENDE WORTE...
DRINNEN, DRAUSSEN ...:	WIEGE, KÜCHE, HAUS, BERUHIGEND, WARM, und STRASSE, HOF, BEUNRUHIGEND, SPIELKAMERADEN...
OBEN, UNTEN ...:	MARMELADENTOPF, VOGEL, SPEICHER, und FÜSSE, KELLER, FALLEN...
VOLL, LEER ...:	„FLÄSCHCHEN", TASCHEN..
DURCHSICHTIG, UNDURCHSICHTIG	FENSTERSCHEIBE, SEE und WASSERDAMPF, NEBEL...

Es scheint, als seien es Eindrücke der Kindheit, die als Erstes zutage treten. Wenn wir uns mehr Zeit gelassen hätten, hätten wir diese Liste sicherlich mit weniger weit zurückliegenden Entsprechungen bereichern können. In der Tat beeindruckt und verändert uns jeder Ort: ein U-Bahn-Schacht kommt uns beängstigend vor; das Ufer eines ruhigen, mit Schilf umstandenen Sees bewirkt morgens bei Sonnenaufgang in uns ein Wohlgefühl; derselbe See, blaugrün und schwarz, wird uns bei Einbruch der Nacht beunruhigend und feindselig erscheinen. Das

Das Rendez-vous

Wo sind alle meine Liebhaber ?

Die Könige

Wer trüge diese Lasten ?

Schauspiel eines Sternenhimmels oder eines entfesselten Ozeans verleitet uns zu kosmischer Träumerei. Unser Zimmer wird zum wohligen, gastlichen Nest oder zum Schneckenhaus, einem Zufluchtsort für Intimität oder Einsamkeit, in den wir uns zurückziehen.

Ein Objekt oder ein Ort wird nicht objektiv wahrgenommen: wir interpretieren sie, wir bestücken sie mit Träumen.

Ein Wort, das einen Ort bezeichnet, reicht aus, um in uns psychische Wellen zu erzeugen. Orte, die durch unsere Einbildungskraft wiedererstehen, werden zu ,,glücklichen Räumen'', ,,feindseligen Räumen'' oder ,,verbotenen Räumen''[3].

> ,,Der durch die Imagination erfaßte Raum kann nicht der gleichgültige Raum bleiben, der meßbar ist, den Überlegungen des Landvermessers ausgeliefert. Er wird erlebt. Und er wird nicht in seiner Tatsächlichkeit erlebt, sondern mit der ganzen Parteilichkeit der Imagination.''[4]

Das Wort Raum muß hier in weitestem Sinne gefaßt werden. Es bedeutet sowohl Materie, Konsistenz (fest, flüssig, gasförmig), als auch Milieu des täglichen Lebens (Umgebung, Zimmer, Büro), oder weiter Raum (Ozean, Himmel, Planet) oder Innenwelt (,,Raum des Innern'').

Der körperliche Darsteller bewegt sich in einem nackten Raum, dem szenischen Raum. In diesem neutralen Raum kann er durch sein Spiel imaginäre Räume schaffen, allein mit den Mitteln Geste und Jeu comédien.

Durch die Evocation oder Illusionsmime kann er uns an die Existenz einer Tür, einer Treppe, eines Gegenstandes, eines Gewichtes glauben lassen. Muskulärer Tatsinn und sportliche Qualitäten sind hier entscheidend. Druck und Druckminderung des Muskels, Fixpunkte im Raum, Interpunktion, Nüchternheit und Klarheit der Gesten sind ebenso unerläßlich, um eine lesbare Demonstration in Mime d'évocation zu geben.

Z.B. die Bewegung des Ruderers:
Genauigkeit des Griffs (Form, Materie).

Points fixes[5] (die Hände auf dem imaginären Ruder bewahren immer dieselbe Distanz).

Druck, um den Wasserwiderstand zu suggerieren.

Gebogener Rücken, um die Anstrengungskurve zu rekonstruieren.

Das Studium der Aktionen der Illusionsmime führt uns zur Analyse und zur Rekonstruktion eines Prozesses, an dem der Darsteller innerlich nicht beteiligt ist.

In der alltäglichen Realität ist es höchst selten, daß unsere Handlungen mit einer solchen Gleichgültigkeit ausgeführt werden: wir lesen mit Leidenschaft oder zerstreut, wir fegen mit Langeweile oder guter Laune.

Und so auch auf der Bühne: Unser Darsteller wäre schlecht beraten, wenn er ausschließlich den geschickten Taschenspieler herauskehrte; es wäre gut, wenn er uns auch berührte. Er sollte daher handeln (Aktion) UND zeigen, was er fühlt.

Das Jeu comédien drückt die Subjektivität des Darstellers aus.

Die Mime d'évocation ist objektiv, beschreibend: sie stellt das Dekor auf, definiert die Handlung. In reinem Zustand, ohne Emotion, ist sie einer trockenen, präzisen anatomischen Zeichnung vergleichbar.

Wenn der Darsteller dieselbe Szene spielt und seine Gefühle einfließen läßt, ist das Resultat einer künstlerischen Zeichnung verwandt: die Realität wird subjektiv interpretiert.

Der körperliche Darsteller kann den Raum objektiv oder subjektiv ausdrücken. Oder beides gleichzeitig. Wenn er das tut, imitiert er nicht, sondern er erschafft den Raum und versieht ihn mit Bedeutung.

1. Beispiel.

Hier eine Liste von Wörtern, die eine Anzahl unterschiedlicher Räume definieren:

GROTTE	KATHEDRALE	EI
NEST	STRAND	SEE
SCHNECKENHAUS	GEBIRGE	EBENE
ECKE	WALD	WÜSTE
BETT	ABGRUND	INSEL
ÜBERFÜLLTES APPARTEMENT...		

Durch kombiniertes Spiel — Mime d'évocation und Jeu comédien — sollen drei dieser Räume interpretiert werden. Man kann sich leicht die unterschiedlichen Interpretationen, die aufgrund ein und desselben Wortes entstehen werden, vorstellen (KATHEDRALE von einem Gläubigen oder einem Atheisten, GEBIRGE von einem leidenschaftlichen Alpinisten oder einem apathischen Menschen, GROTTE, gesehen von einem neugierigen oder einem ängstlichen Menschen...).

Der Anteil ,,Evocation'' erlaubt, den gewählten Raum für den Zuschauer zu situieren (so dürfte EBENE nicht verwechselt werden mit WÜSTE, obwohl beides horizontale Flächen sind). Wenn man als Zuschauer die Möglichkeit hat, eine große Anzahl von Darbietungen mitzuerleben, wird man sehr schnell gewahr, daß die Evocation bald in den Hintergrund tritt und man fasziniert ist von der Unterschiedlichkeit und Intensität der affektiven Reaktionen bei den verschiedenen Darstellern.

2. Beispiel.

Systematischeres Training zum Begriff RAUM.

Unsere Absicht ist, den Kern der Empfindungen hervorzurufen, die Intuition mehr als die Reflexion spielen zu lassen, nicht den Schein, sondern die Essenz der Dinge zu finden.

Wir schlagen den Studenten Serien von Wörtern vor, die jeweils nach räumlichen Unterbegriffen geordnet sind; die Umsetzung soll spontan sein.

Begriff unterirdischer Raum:

KELLER	BRUNNEN	UNTERIRDISCH	GULLY
DUNKEL	SCHIMMLIG	LOCH	KANALISATION
FALLEN	FEUCHT	ROHR	HÖHLE
GROTTE	GRUFT	GRABGEWÖLBE	KRIECHEN

Begriff luftförmiger Raum:

BLASE	FLOCKE	BLATT	LEICHT
SCHNEE	FEDER	RAUCH	FLIEGEN
WIND	KOSMONAUT	WOLKE	DUNST
HAUCH	ATMUNG	MUSSELIN	

Begriff geradliniger Raum:

PAPPEL	LINEAL	STANGE	AUTOBAHN
RAKETE	NADEL	DORN	BLEISTIFT
STEIL	STAB	GITTER	PFEIL

Begriff runder Raum:

APFEL	EI	KUGEL	NEST
HOHL	BALL	GLOBUS	RUND
MUSCHEL	RAD	UMDREHUNG	

Begriff flacher Raum:

SPIEGEL	EIS	GLATT	MAUERN
PLATTE	SEE	KANAL	LASTKAHN
TISCH	DECKE		

Begriff biegsamer Raum:

| SPRUNGFEDER | SCHWAMMIG | ELASTISCH | GUMMIARTIG |
| RÜCKPRALL | ALGE | | |

Begriff schwerer und harter Raum:

| KIESEL | HART | KOMPAKT | EISEN |
| BLEI | FELSEN | | |

Begriff unermeßlicher Raum:

OZEAN	HIMMEL	EBENE	WÜSTE
GROSS	FLIEGEN	SCHWEBEN	UNENDLICHKEIT
BLAU	UNIVERSUM	KOSMOS	SPIRALE

Eines nach dem anderen, alle 15 bis 30 Sekunden, werden die verschiedenen Wörter einer Serie eingeworfen. Jeder Student versucht, augenblicklich, innerhalb des sehr kurzen Zeitraums, zwei oder drei körperliche Illustrationen des betreffenden Wortes zu geben.

Wenn die Serie zu Ende ist, werden die Wörter noch einmal in einer anderen Reihenfolge gegeben, um Empfindungen, Erinnerungen und Entdeckungen durchzumischen. Wenn auch die Wörter derselben Gruppe nahe beeinander zu liegen scheinen, so sind doch die inneren Räume, die angesprochen werden, unterschiedlich. Unabhängig von der Qualität der gefundenen Lösungen haben wir dennoch festgestellt, daß jeweils eine Dominante erscheint: Leichtigkeit, ein Sich-Weiten beim luftförmigen Raum; Druck, innere Kraft beim schweren und harten Raum...

Nach zwei, dann drei, dann vier Serien schlagen wir alternativ Wörter der verschiedenen Gruppen vor. Z.B.: KELLER, WOLKE, NADEL, KRIECHEN, FLIEGEN.

Durch dieses Spiel mit Kontrasten werden Körper und Geist durchgeknetet und ent-konditioniert; sie beginnen, eine gewisse Geschmeidigkeit des Spiels zu erlangen. Der Körper wird zum Ort für Metamorphosen.

Am Ende aller Wortserien wird ein Spiel vorgeschlagen, das alle Wörter untereinander kombiniert. Z.B.:

— EIS, SCHWAMMIG, FELSEN, GULLY, RAKETE, EI, ATMUNG, KOSMOS.

— SPRUNGFEDER, EISEN, SPIEGEL, UNENDLICHKEIT, DORN, APFEL, FALLEN, RAUCH.

— GITTER, NEST, KOMPAKT, BLAU, ELASTISCH, WÄNDE, WIND, ALGE.

Schließlich wählen die Studenten alleine oder in Gruppen ein Wort aus jeder Serie, ohne sich um logische Zusammenhänge zu sorgen und interpretieren die Begriffe nacheinander, indem sie möglichst unmerklich von einem zum anderen übergehen.

Körper und Geist, wachgerüttelt durch die Häufigkeit und Mannigfaltigkeit der Angebote, sind jetzt fähig, sich anzupassen und adäquat zu funktionieren. Der Darsteller wird selber, für sich selber zu einem nachgiebigen Material. Seine Einsatzfähigkeit ist so groß, daß er von nun an von der Intuition zur Reflexion überwechseln kann, daß er kreieren kann, daß er einer Sache, deren Essenz er wiedergefunden hat, eine Existenz geben kann.

Diese Arbeit hat eine innere Chemie in Gang gebracht, deren Resultate zum Zeitpunkt der endgültigen Konstruktion des Spiels bemerkenswert sind.

3. Beispiel

Man kann jetzt eher abstrakte Übungen anschließen, die nicht die Vermittlung einer präzisen ,,Evocation'' nötig haben und alle Quellen des ,,Spürsinns'' und der Imagination des Studenten erfordert.

Der Raum wird charakterisiert ohne konkret definiert zu sein:

RUNDER RAUM	FREMDER RAUM	ENGER WERD. RAUM
ECKIGER RAUM	UNHEILVOLLER RAUM	GRÖSSER WERD. RAUM
WACKLIGER RAUM	UNFÖRMIGER RAUM	ALLTÄGLICHER RAUM
LEERER RAUM	KONFORTABLER RAUM	AUFGETEILTER RAUM
VERTRAUTER RAUM	UNBEQUEMER RAUM	TRAUM-RAUM
ÜBERFÜLLTER RAUM		

Wenn sich diese Aufgabe auch auf eine gewisse Realität bezieht, so ist sie doch weniger realistisch und nähert sich dem Phantastischen oder der Science Fiction. Der Darsteller breitet sich in seinen Räumen aus, ganz seiner Phantasie und seinen Phantasmen folgend; gleichzeitig befreit er sich von seinen Zwängen, indem er ihnen den Teufel austreibt.

E) **Die poetische Aura des Wortes**

Einige Wörter oder Wortgruppen erwecken in uns die Fähigkeit zur Träumerei und zur Meditation. Der Körper selbst kann in Träumerei geraten; die Bewegungsaktion zieht ihrerseits eine intensive Aktion des Geistes nach sich. Das eine löst das andere aus, ohne daß man weiß, ob der Motor das Denken oder die Bewegung war, das eine erzeugt das andere und vice versa — ein Phänomen, das man sowohl in der Improvisation als auch im Gestaltungsunterricht antrifft.

Wir schlagen folgende Themen zur Auswahl vor:
KATHEDRALE DES SCHWEIGENS
FINSTERNIS
EINSAMER EISIGER PARK.

Vom Wort ausgehend heißt es ,,loszufliegen''. Die Imagination wird frei und verwandelt die Emotion des Darstellers in ein körperliches Gedicht.
Die Art der gestischen Umsetzung bleibt dem Darsteller überlassen (tänzerisch oder mimisch).

So haben wir zu KATHEDRALE DES SCHWEIGENS gesehen:

— Bei einem: vertikaler, abgerundeter Raum, Gefühl der relativen Kleinheit des Individuums, metaphysischer Taumel...

— Bei einem anderen: Raum, in dem die Zeit verrinnt, dargestellt durch eine Uhr-Bewegung, erdrückende Stille, die durch einen Schrei und Schritte gebrochen werden muß...

— Bei einem Dritten: Ruhe, runder Raum, Ausgeglichenheit, Meditation, dann Unbeweglichkeit.

Wenn man seine eigenen Phantasmen gebiert, muß eine Meditation des Körpers vorangegangen sein, damit diese Phantasmen sich ihm offenbaren, ,,Gestalt'' annehmen im wahrsten Sinne des Wortes, um dann das Bewußtsein zu erreichen. So sagt oft der kreative Akt mehr über die wirkliche Persönlichkeit seines Autors aus als jede noch so akribische Biographie oder das Bild, das er von sich selber hat.

III. — ZUR ENTDECKUNG DER STILE, DER FORMEN, DER EBENEN DER DARSTELLUNG

A) JEU COMEDIEN, MIME D'EVOCATION UND COSMOMORPHISME.

Die im folgenden beschriebene Arbeit kann mit einer großen Anzahl von Wörtern durchgeführt werden; doch sind es ganz bestimmte Wörter, die sich als ausgesprochen vorteilhaft für diese dreiteilige Übung erwiesen haben. Hier einige dieser Wörter, die wir häufig erprobt haben:

SCHNEE	BÄLLE	SEILE	MASCHINE (Arbeit)
BOOT	BLASE	SPRUNGFEDER	BRUNNEN
TÜREN	BÄUME	SITZPLATZ	PUPPE
SPIEGEL	WASSER	HUND	KAUGUMMI
MESSER...			

Beispiel: das Wort SCHNEE:

Das Wort SCHNEE wird allen Studenten vorgeschlagen. Sie sollen versuchen, drei Versionen zu finden. Aus der Fülle der Interpretationen hier einige Resultate:

1. *Subjektive Reaktion, Gefühl oder Empfindung, ausgelöst durch das Wort* SCHNEE:

● lächelnde Sanftheit, Seelenruhe, Frieren, Zustand des Wohlgefühls, der Euphorie, der Leichtigkeit.

● Bewunderung, Verwunderung, Freude, Glück, Langeweile, Überdruß.

Die Darstellungen subjektiver Reaktionen sind gleichzeitig Momente, in denen „der Mensch den Menschen ausdrückt"(1) Dieses JEU COMEDIEN offenbart das Innere des menschlichen Wesens, das aus Seufzern besteht, aus Freuden, aus Leiden, aus Hunger, aus Ängsten, aus Neid, aus organischen Bedürfnissen. Das Jeu comédien hat es nicht nötig, Erklärungen abzugeben (Grimassieren, um verständlich zu machen, daß es einem schlecht geht oder daß man fröhlich ist, ostentativ schlucken, um verständlich zu machen, daß man durstig ist, mit beiden Fäusten gegen den Kopf schlagen, um zu erklären, daß man unerträgliche Schmerzen hat). Nicht weil der Darsteller seine Hand auf den Magen legt, wird man verstehen, daß er Hunger hat, auf sein Herz, daß er liebt, auf den geöffneten Mund, daß er erstaunt ist, auf die Gurgel, daß er Furcht hat, aufs Ohr, daß er taub ist, auf seine Brust, daß er erstickt, auf seine Stirn, daß er Kummer hat, auf sein Kinn, daß er perplex ist... Nicht weil er mit gebeugten Knien und auf den Fersen geht, wird man verstehen, daß er ein Opfer der Gesellschaft ist, mit aufgeblasenem Thorax, daß er selbstsicher ist, auf Zehenspitzen, daß er ein geistig hochstehender Mensch ist... Diese gestischen Äußerungen haben zweifellos einen wahren Ursprung. Wenn man sich ihrer bedienen will, um ,,den Menschen auszudrücken", heißt das ein Vehikel ausleihen, das anderen gehört, nicht unbedingt einem selber. Wenn ihr sie neu beleben könnt, kann sich euer Jeu comédien durch diese sozialen Äußerungen hindurch ausdrücken; das Spiel ist dann **konventionell erlebt.** Wenn ihr sie nicht neu erschafft, existiert kein Jeu comédien, sondern allein ein **konventionell plakatives** Spiel.

Euer Jeu comédien kann und muß ohne all das auskommen.

Es wird umso eher lesbar sein, je mehr es gereinigt ist und transparent. Der Darsteller kann den flüchtigen Moment eines entstehenden Staunens festhalten, diesen überraschten

Augenaufschlag, den wir manchmal zeigen, dieses Einstellen der Atmung vor einem unerwarteten Ereignis, diesen Stillstand im Ablauf der Zeit. Dann wird die Unendlichkeit sichtbar: das Innere des Menschen.

Der Darsteller lauscht dem Menschen. Er horcht ihn ab, untersucht ihn. Er wird diese flüchtigen Äußerungen kontrollieren, um uns das Gefühl oder die Empfindung zu verdeutlichen, die er ausdrücken will.

Das Jeu comédien ist die Basis jeder Darstellung des Menschen. Es kann in reinem Zustand existieren, wie es die Kamera des Cineasten in Großaufnahme festhält, wobei winzige Modifikationen in einem Gesicht erforscht werden, eine Muskelkontraktion entlarvt wird, ein Schweifen des Auges, eine sich klar abzeichnende Falte auf der Stirn, und so die intimen, physiologischen Manifestationen eines Gefühls aufdecken.

Das Jeu comédien durchsetzt und unterstützt alle Stilarten. Durch das Jeu comédien wird das bewirkt, was uns ,,echtes'' von ,,falschem'' Spiel unterscheiden läßt.

2. *Aktionen, die das Element Schnee wachrufen, Handlungen, die es hervorbringt:*

● Schneebälle formen, sie werfen, Schneemänner bauen, mit fallenden Schneeflocken spielen, sie zu fangen versuchen, sie erhaschen, in Tiefschnee gehen, Skilaufen, gleiten, Schneeschaufeln, im Schnee ,,baden''.

Der Raum ist nackt und dennoch bevölkert mit imaginären Objekten, die man manipuliert oder denen man begegnet. Diese ,,Taschenspielerkunst'' verlangt vom Darsteller ebensoviel wie das Jeu comédien. Um z.B. eine Betonmauer, die sich vor einem erhebt, oder einen Spiegel entstehen zu lassen, muß die Berührung der Finger mit den unsichtbaren Oberflächen, auch wenn sie ,,technisch-gymnastisch'' identisch ist, vollkommen unterschiedlich sein. Im ersten Fall muß sie die Rauhheit, die Kompaktheit, die Feindseligkeit des Betons ausdrücken, im zweiten Fall die Ebenheit, die Glätte, die Zerbrechlichkeit des Spiegels. Es gibt keine einheitliche Geste für diese beiden Evokationen, bzw. für alle Evokationen dieser Art von flachen, vertikalen Oberflächen. Vor einer Betonmauer ist das Forschen der Hände blind, vor einem Spiegel ist es das Forschen nach einem Anderswo, einem Jenseits, einer sichtbaren, aber unfühlbaren Wirklichkeit.

Wenn die Empfindungen, die durch die beiden Materialien in uns wachgerufen werden, unterschiedlich sind, so ist es auch der Fluß der Erinnerungen, der Stimmungen, die psychischen Kontrapunkte. Wie wir schon im Kapitel über den Raum gesehen haben, ist die Wirklichkeit, die wir beschreiben wollen, niemals eine objektive Wirklichkeit.

So entkommt auch die MIME D'EVOCATION selber den Stereotypien.

3. *Der Mensch nimmt die Form der Elemente des Universiums, des Kosmos an, die er zeigen will.*

Was er macht, ist **Cosmomorphisme**.[2]

● So wird er z.B. zur tanzenden Schneeflocke, die gegen die Fensterscheibe fliegt, zum Boten des Schweigens, der unmerklich zu einer anderen Form derselben Materie hingleitet: Schneeball, schmilzender Schnee, Schneekristalle, umhüllendes Weiß, Lawine.

Diese Identifikationen dürfen sich nicht mit einem ,,Ungefähr'' zufriedengeben. Man versucht, in das Innere, in die ,,Seele'' des Objektes einzudringen. Diese visionäre Übertragung des Objektes ist nicht oberflächlich. Es ist das Objekt, das von seinem vorgestellten Innen aus gesehen wird. Es ist nicht nur äußerer Schein. Man findet sich in seine Form, indem man eine Autopsie seines Kerns vornimmt. Man nimmt den Geist der Dinge auf, um darin die Form wiederzufinden. Sich identifizieren mit dem Objekt heißt nicht, alles von diesem Objekt zu übernehmen; man wählt aus, hält sich an den wesentlichen Zug. Aber auch da ist die Wahl subjektiv. Das Objekt oder das Tier, das ich in meinem Körper zeichne, wird mein eigenes sein. Wenn ihr es seht, werdet ihr meine Vision der Dinge entdecken, und vielleicht werdet ihr plötzlich diese Dinge unter einem neuen Aspekt sehen. Meine Darstellung ist zugleich etwas Allgemeines und etwas Besonderes. Ist das Element der Natur ein ,,öffentliches" Objekt, wenn es zur Erforschung vorgeschlagen wird, so wird es zum ,,privaten" Objekt im Moment der Darstellung. Dieser persönliche Aspekt der cosmomorphistischen Darstellung darf keine Nachsichtigkeit desjenigen einschließen, der sie als Kommunikationsmittel benutzt: Wenn ihr z.B. ein Schneemann seid, der langsam in der Sonne schmilzt, könnt ihr nicht der kleinsten Schwäche eures Quadrizeps im kritischen Moment am Ende eures Falles in Zeitlupe nachgeben; ihr könnt eurem Körper nicht die leiseste Spur eurer persönlichen Tics erlauben (Augenflimmern, Schlucken); oder eure Gedanken durchscheinen lassen (die Sorge, es gut zu machen, die Spur eines verkrampften Lächelns).

Zur gleichen Zeit identifiziert ihr euch mit dem Element, das ihr zum Ausdruck bringt, und distanziert ihr euch von ihm.

Die Verwendung des Wortes bedeutet nicht die Äquivalenz: Wort = Bewegung, sondern löst ein Auseinanderbersten dieses Wort-Zeichens in Aktionen, Stimmungen, Erinnerungen aus. Die Übertragung des Wortes führt gleichzeitig zu einer Rekonstruktion des Wirklichen und einer Ent-Realisierung des Wirklichen.

Wenn man mit seinem Körper Tiere darstellen will, darf man sich nicht damit zufrieden geben, auf allen Vieren oder auf Zehenspitzen zu gehen und ,,miau, wau-wau" und ,,kra-kra" ausrufen. Das reicht zwar oft, um den Tatbestand klarzumachen, aber das ist nicht unser Ziel.

Zwischen dem Lesen oder Aussprechen des Wortes KATZE und dessen Interpretation liegen Welten. Das Verkörpern einer KATZE setzt eine Menge an Gegebenheiten voraus, die unser Bewußtsein berühren: Form, Bewegungsdynamik, vielfältige mögliche Aktionen: spielen, lecken, lauern, kratzen... Das Substantiv KATZE ruft in uns nicht nur eine tierische Form auf 4 Pfoten wach, sondern zusätzlich ein ganzes Arsenal an Bewegungen, Haltungen und Aktionen, die Katzenspezifisch sind. Wenn ich eher eine Appartement-Katze als eine streunende Straßenkatze schaffen will, werde ich sicher einige charakteristische Züge DER Katze aufnehmen, aber ich werde sie auf die Einzigartigkeit derjenigen hin korrigieren, die ich kenne und die ich vorstelle. Mein Katzen-Blick wird vielleicht etwas weniger unerbittlich sein; ich werde sicher immer noch Zurückhaltung wahren demjenigen gegenüber, der sich mir nähert, aber ich bin vielleicht etwas weniger auf der Lauer, und da meine Wachsamkeit während Generationen durch Bequemlichkeit aufgeweicht ist, werde ich mich mit der Gleichgültigkeit desjenigen strecken, der weiß, daß er umschmeichelt wird.

Wenn wir als Menschen die Welt der Lüfte, die Welt der VÖGEL, darstellen wollen, werden wir veranlaßt, uns in das Unbekannte neuer Verhältnisse von Schwere und Masse jenseits eines festen Untergrundes hineinzudenken. Aber dieses Fliegen, das die VÖGEL so sehr von den Menschen unterscheidet, ist es dasselbe für alle Bewohner der Lüfte? Die STELZVÖGEL, die RAUBVÖGEL, die HÜHNERVÖGEL, etc... bieten so viele Unterschiede in der Art zu gehen, zu hüpfen, sich zu ernähren, sich zu putzen, zu blicken, daß man sie wirklich nicht auf ein und dieselbe Weise darstellen kann.

Wir werden zum VOGEL, aber zu welchem VOGEL?
EULE? ZEISIG? ADLER? PFAU? SCHWAN? REIHER?

Die blinzelnden Augen, die Drehbewegungen des Kopfes der EULEN, das aufreizende Sich-Brüsten, der affektierte Gang des HAHNS, der stechende Blick des ADLERS — viele Bilder tauchen auf aus der Welt der Lüfte und aus meiner Welt der Legenden, um als klarumrissene, suggestive Silhouetten zu erscheinen.

Wenn ich HUND sage, werde ich WOLFSHUND, BASSET, BOXER sein?

Welt der Katzen, Welt des Wassers, der Lüfte, andere Welten: spezifische Dynamismen, die Fortbewegung wird von anderen Gleichgewichtsgesetzen regiert... und dennoch steht es in unserer Macht, einen Flug zu simulieren, zu suggerieren, eine Wellenbewegung, ein Wedeln, das Katzenhafte. Durch eine Alchimie, die zwischen der objektiven Realität und der Fähigkeit zum Traum operiert, gelangt der Körper zur Ausdruckskraft des Wesenszuges, der Zeichnung. Diese Suche nach dem essentiellen Zug, der ,,wahrer ist als das, was wahr ist'', ist durch Trickverfahren, Verformung oder Verdichtung des Wirklichen, der Suche des Zeichners, des Karikaturisten, nahe.

ERGEBNISSE BEI ANDEREN WORTVORSCHLÄGEN

WÖRTER	JEU COMEDIEN	EVOCATION	COSMOMORPHISME
BOOT	seekrank sein	sich am Mast des Bootes festhalten, paddeln, mit dem instabilen Gleichgewicht des Bootes spielen	der Mast sein, das Schlingern, das Stampfen sein
TÜREN	die Angst vor einer Vielzahl von Türen	Türen öffnen an der Tür lauschen	eine Schiebetür sein, eine Saloontür, eine Drehtür sein
SPIEGEL	sich gerne sehen sich verloren fühlen sich schön finden	einen Spiegel tragen, aufstellen	jemand anderes Spiegel(bild) sein
BALL KREIS BLASE	Lachen, Fürchten, Staunen, weil man von imaginären Blasen umgeben ist	runde Form streicheln, jonglieren, werfen, schießen	rund werden springen rollen die Luft herauslassen
BAUM	spazierengehen und glücklich und heiter die Bäume betrachten	auf einen Baum klettern seine Dicke und seine Höhe evozieren	ein Baum voller Früchte sein, Zweige sein, die durch den Wind bewegt werden
WASSER	Durst haben	Wasser betasten in einen Fluß springen schwimmen	Ebbe und Flut sein, ein Fisch sein
SEIL	Glück durch eine Kindheitserinnerung	Seilchenspringen ziehen, werfen, rollen	die kurvige Form eines biegsamen Seiles ein, schwanken
STUHL SESSEL	Zufriedenheit Wohlbefinden sich unwohl fühlen zu hart	sich in einen imaginären Sessel setzen	ein Sessel sein
FAHRRAD			
SPRUNGFEDER			

Im Hinblick auf ein subtiles Kreationstraining bitten wir die Studenten, unmerklich vom Jeu comédien zur Evocation, dann zum Cosmomorphisme überzugehen, nach der Reihenfolge ihrer Wahl. Folgendes haben wir gesehen:

Zu SPRUNGFEDER:
Ein Student entdeckt zu seiner Überraschung einen Ort, der mit Sprungfedern angefüllt ist. Er betastet sie, experimentiert mit ihnen. Auf einige setzt er den Fuß; die Federn werden vom Druck befreit und hüpfen auf einen neuen Platz, den der Zufall bestimmt; andere sind an der Decke angehakt, am Boden, an der Wand, er zieht an ihnen und sobald er sie losläßt, beeilen sie sich, nach einigen Sprüngen, wieder auf ihre ursprüngliche Position zu gelangen. Es gibt auch große, widerstandsfähige, auf denen er springen kann und die ihn auf verschiedene Höhen befördern. Er spielt mit diesen instabilen und formbaren Objekten.

Aber jetzt erscheinen allmählich Veränderungen, ihn als menschliches Wesen betreffend. Sein Gang wird elastisch. Er setzt sich nach mehrfachem Schwanken auf variable Höhen zwischen seiner aufrechten Position und einem Stuhl. Er will uns begrüßen, aber es kommt ein ,,Guten Tag — guten Tag — guten Tag — Tag — Tag — tag — tag" heraus.

Er manipuliert und wird manipuliert, sein Verhalten entfernt sich vom normalen menschlichen Habitus. Jedem Halt gehen mehrere Hüpfer voraus. Er glaubt, seinen Arm zu strecken, er sieht ihn zu sich zurückkommen und erst nach zahlreichen, abnehmenden Vor-rück-Bewegungen wieder zum Stillstand kommen. Seine Beine, sein Kopf, seine Wimpern bewegen sich nicht mehr nach menschlichen Normen. Er springt und springt. Er scheint eine Sprungfeder geworden zu sein.

Nach und nach wird ihm seine Metamorphose bewußt. Er versucht, die unaufhörliche Elastizität seiner Bewegungen rückgängig zu machen. Er beginnt wieder zu gehen und zu handeln wie jedermann. Aber er scheint eine wunderbare Erinnerung an diese Welt, in der die Schwere eine andere ist, zu bewahren und geht fort. In ihm ist noch etwas von der Leichtigkeit, und sein normaler, fast normaler, Gang findet nicht wirklich bei jedem Schritt den Kontakt mit der Erde.

Je nach Themenwahl und Reihenfolge der Ausführungen können die Realisationen eine kafkaeske, surrealistische, poetische oder komische Atmosphäre haben.

B) ARTEN UND TONALITÄTEN DES SPIELS.

In den Momenten spontaner Kreation erscheinen Ergebnisse, deren Unterschiedlichkeit von folgenden Dingen abhängt:

— vom individuellen und einzigartigen Spiel der Gedankenassoziationen;

— von der Haltung des jeweiligen Individuums, das trotz der kurzen Zeitspanne, die ihm gewährt wird, sich entweder seinem Gefühl ungebremst ausliefern kann, oder, auf Umwegen, seine Ausführungen ins Possenhafte, Humorvolle hinleitet (Schamgefühl, auf Distanz gehen, Geisteshaltung), oder auf ein Cliché zurückgreift, das sich ihm unmittelbar aufdrängt und in das es sich flüchtet (Gewohnheit, Schüchternheit, intellektuelle Verwirrung, oder Trägheit, Konditionierung).

Man kann also 3 charakteristische Haltungen bei den Kreationsversuchen herauslesen. Die erste ist einem authentischen Ausdruck nahe, der die Tiefe dieses menschlichen Wesens aufdeckt oder wenigstens einen seiner wesentlichen Züge, und der für diesen bestimmten Tag, diese Stunde ausschlaggebend ist (Vertrauen, Katharsis, ein Mitteilen ohne Umwege und Verstellung).

Bei näherer Betrachtung ist die zweite Haltung komplexer, weniger durchschaubar; sie kann bedeuten, daß das innere Wesen sich weigert, so zu erscheinen, wie es ist oder sich selbst verbietet, sein Gefühl aufzudecken. Dadurch offenbart der Betreffende eine Selbstkontrolle aus Angst, ,,überfallen" zu werden; er karikiert, ironisiert, leitet jede Situation in Richtung Komik, Groteske oder Absurdität. Beurteilung und kritischer Geist setzen sich als fundamentale Werte fest.

Die dritte Haltung schließlich, stereotyp und wenig anziehend, bezieht das Individuum nicht mit ein; es hat einen langen Weg vor sich, bis es sich seine eigene Weltsicht schaffen wird, denn es ist Gefangener eines eingefrorenen Haltungsnetzes, vorfabrizierter Verhaltensweisen, Gefangener seiner Unfähigkeit, als autonomes Individuum zu existieren, das sich anders als die anderen verhält.

Gruppenstudien, die innerhalb einer längeren Zeitspanne ausgearbeitet und verwirklicht werden, spiegeln zwar auch diese unterschiedlichen Haltungen wider, aber die kollektive Überlegung oder der Einfluß eines Individuums mit starker Persönlichkeit tragen dazu bei, daß die Versuchung des Chichéhaften ausgeschaltet wird.

Analysieren wir eine Studie, die zum Wort BRUCH entstand.

Wir hatten präzisiert, daß BRUCH in allen möglichen Bedeutungen verwendet werden könnte: UNTERBRE-

CHUNG, EINBRUCH, ZERRISSENHEIT, TRENNUNG, RISS, ZERWÜRFNIS, UNEINIGKEIT, etc...

Die aufgeführten Arbeiten geben uns eine Orientierung auf den Begriff ART, TONALITÄT des Spiels hin.

Effekte, die überwiegend *komisch* sind:

— Chor von Mönchen: während alle Mönchlein in höchster Konzentration singen, kratzt sich plötzlich eines wie wahnsinnig.

— Militärischer Aufmarsch: ein Soldat marschiert in einem anderen Rhythmus, der zu dem der übrigen Truppe in Kontrast steht; mal bleibt er stehen, mal nimmt er den Gruppenrhythmus wieder auf, dabei zeigt er ein heiteres Gesicht, während alle anderen gleichgültig vor sich hinblicken.

— Lyrische Verzückung zweier Verliebter; auf dem Höhepunkt der Umarmungen entfernt einer ein Fädchen von seiner Jacke oder klopft die Zigarettenasche ab, um anschließend wieder einen extatischen Ausdruck anzunehmen.

Die Komik entsteht hier durch ein unerwartetes Ereignis, durch den Nonkonformismus eines Individuums in bezug zur Gruppe, die der Konvention oder einer Regel gehorcht, oder auch durch das sich plötzliche Einschleichen einer banalen Handlung in eine angespannte oder euphorische Situation von gewissem emotionalem Niveau.

Dramatische Effekte, wenn eine banale Handlung sich verändert oder unterbrochen wird durch eine Reaktion.

— Erwachen aus tiefstem Schlaf durch das Dröhnen von Flugzeugen, von denen man weiß, daß sie Todesboten sind;

— wachsende Anspannung in der Immobilität, die sich in einem Schrei entlädt;

— Innehalten der Bewegung nach Krämpfen oder äußerstem Schmerz als Zeichen für den Tod;

— Anhalten der Geste, das Zögern oder Fragen, Überraschung oder Furcht, etc... bedeutet;

— Zerstörung eines Gleichgewichts, einer Struktur, Unregelmäßigkeit, Einbruch eines störenden Elementes, einer unerwarteten Katastrophe.

Seltsame, ungewöhnliche Effekte durch Überschreitung des Wirklichen:

— Normale Aktionen laufen plötzlich in ein ,,fondu ralenti" aus.

— Alltägliche Bewegungen (Handlung, Gespräch) kristallisieren sich an einem bestimmten Punkt ihres Ablaufs (Immobilität, die schnell und anhaltend oder progressiv erreicht wird).

— Schnelle Metamorphose ohne Übergang von einem Zustand in einen anderen: starre Personen in Frack und Zylinder, die für den Zeitraum von wenigen Sekunden hysterisch werden, wie in der Sequenz ,,MESSIEURS ET MANNEQUIN"[3], oder, wie in der Episode der ,,MIROIRS"[4], wenn sie sich plötzlich im Augenblick des Todes in flüssige Materie verwandeln, um dann ihre gewöhnliche Starrheit wiedereinzunehmen.

Das Wort GEBURT, im eigentlichen und im übertragenen Sinne verwendet, hat ebenfalls interessanten Realisationen Raum gegeben, die in Form und Inhalt variieren:

— Entbindung im übertragenen Sinne.
— Pflanzliches Werden.
— Umwandlung einer formlosen Materie in einen Gegenstand oder ein Kunstwerk (Töpfer, Bildhauer).
— Erscheinung: ,,Geburt" eines Blickes, eines Gefühls, etc.

Der Fächer der Tonalitäten des Spiels kann als Ausgangspunkt für Reflexionen über die Bereiche des Komischen, des Tragischen, des Seltsamen dienen. Eine weiterführende Analyse erlaubt uns, über eine impulsive, immer fruchtbare Kreation hinauszugehen und uns der Effekte auf andere, auf Zuschauer, bewußt zu werden.

Das soll nicht heißen, daß wir nur, und um jeden Preis, dem Zuschauer gefallen wollen; aber als kreative Künstler wählen wir natürlich absichtlich den Modus, der uns jeweils der heftigste, der tragischste, der disharmonischste, der traumhafteste zu sein scheint.

Je nach Art der Arbeit (Kreation oder pädagogische Animation) weicht der Empirismus der ersten Versuche einer ,,Wissenschaft'' der Mittel, die im Hinblick auf eine Absicht oder ein Ziel angewendet werden. Und dennoch ist die Spontaneität (des kreativen Künstlers und des Lehrenden) unentbehrlich, denn ohne sie werden die kreative und die pädagogische Aktion zu Automatismen, zu *Systemen*. Wenn der Künstler sie negiert, wird er zum Plagiat seiner selbst und entwickelt sich nicht. Der Pädagoge, der sich nicht auf die Spontaneität besinnt, flüchtet sich in die Sicherheit von Rezepten, die, wohlsortiert und alles vorschreibend, ihn zum Fossil werden lassen. Ein glückliches — und schwieriges — Gleichgewicht zwischen Wissenschaft und Instinkt, zwischen Ordnung und Anarchie, öffnet einem Abenteuer die Pforten, das nie ein Ende hat und das beide, kreativer Künstler und Pädagoge, nach ihrem Ermessen ausrichten können.

C) ENDECKUNG DER ÜBERTRAGUNSEBENEN

Die Erfahrung, die in Norwegen zum Wort SEE gemacht wurde, verdeutlichte und illustrierte den Begriff der **Übertragungsebene,** den wir vom Begriff der **Tonalität** unterscheiden.

Wir streiften dieses Thema schon bei den Erfahrungen mit ,,spontanen Reaktionen auf Wörter'', und auch viel früher, als wir unsere ersten Stücke schufen und nach einer Formulierung, einer Schreibart suchten, die auf das gewählte Thema zugeschnitten sei, ihm enspräche; so benutzten wir je nach Fall eine sportliche, tänzerische, expressionistische, etc... Art.

So war in den Sechziger Jahren das Stück ,,VILLE'' (,,STADT'') ein mimischer Versuch, der teils impressionistisch, teils kubistisch war. Wir verzichteten auf ein Szenario und waren Fußgänger, die abwechselnd Opfer von Automatik, von rechten Winkeln, von Hektik waren, dann wurden wir zu Türen, Leuchtreklamen, Blinkern, wurden wieder zu menschlichen Wesen, stumpfsinnig, zerstreut, gehetzt, angegriffen, im Räderwerk von Zeitplänen, Arbeit, Verkehr, etc...

Die ungewöhnliche Übertragung eines banalen Themas hatte eine Schockwirkung auf den Zuschauer zum Ziel, eine tragische Kurzfassung seines realen Lebens, eine Enthüllung am Rande des Wahnsinns, die er entweder akzeptiert oder vergißt.

Greifen wir das Beispiel HOCHHAUS auf: Anfänger finden am häufigsten folgende Lösungen:

— Die bildhafte Evokation: Treppen steigen, den Aufzug nehmen, in großer Eile durch rechtwinklige Straßen gehen, mit dem Blick vertikale Linien verfolgen...

— Eine affektive Reaktion: umhergehen mit Langeweile, Gleichgültigkeit, Angst...

Oder beides zur gleichen Zeit, das **Was** und das **Wie,** die ja ineinander verschachtelt sind.

— Manchmal eher distanzierte, abstrakte Lösungen: gradlinige oder winklige Gesten, die den Wahn einer Architektur übertragen, die von Beton, Monotonie und Rechtwinkeligkeit beherrscht wird. Man kann hier von einem abstrakten Kosmomorphismus sprechen in dem Maße, wie an die Realität und hypertrophierte Vorherrschaft eines charakteristischen Details erinnert wird (rechter Winkel, Härte, etc...)

Diese Semi-Abstraktion, diese nackte Gestaltung, die schockieren soll, aufklären oder verfremden, scheint für uns ein Weg moderner Mime zu sein, die in keiner Weise der alten Mime verpflichtet ist, die hingegen ursprünglich alles DECROUX verdankt: Zergliederung der Bewegung, Rekonstruktion durch Analyse in gereinigte Linien, präzise Dynamik und Rhythmik, Interpunktion der Gesten, Vorherrschaft des Körpers über das Gesicht. All das läuft auf eine künstlerische Aussage hinaus, die der stereotypen und dadurch schier unerträglich gewordenen Pantomime fremd ist; zumal in einer Stunde, da alle Künste dahin tendieren, aus den traditionellen Grenzen auszubrechen.

Übungsbeispiel, ausgerichtet auf unterschiedliche Spiel-Arten und Übertragungsebenen.

Kursus für Bühnenschauspieler.

Wir schlagen eine Folge von Themen mit einer gewissen Allgemeinbedeutung vor. Beispiel:

DER STRAND DIE VÖGEL DAS GLÜCK DIE FAMILIE DER FRIEDEN DIE SEXUALITÄT DER GEDANKE DIE REISE DIE GESELLSCHAFT DIE POLITIK etc...

Das Karussell des Teufels

Poch-poch-poch (Matho)

Poch-poch-poch (Pinok)

Die Witwen

Jede Gruppe wählt aus den gestellten Themen eines aus, versucht, von diesem Thema drei Versionen zu finden, deren Arten hier kurz dargestellt werden.

— **Realistische figurative Art:** es handelt sich darum, eine Wahrheit der Bewegungssituationen ohne Übertreibung wiederzufinden, ,,natürlich'' zu spielen, ,,wie im Leben'', ohne Übertragung, ohne Verformung.

— **Kritische Interpretation:** in Richtung Satire, Karikatur, Groteske, schwarzer Humor. Das setzt Auslese voraus, Übertreibung, oder Abweichung, Verformung.

— **Verklärung lyrischer** oder poetisch-symbolischer Art, Idealisierung, Exaltation.

Ohne in Details zu gehen, kann man sagen, daß das realistische Spiel wenig interessant war, irreführend schien und oft Elemente der Karikatur enthielt, als ob es schwieriger (oder weniger reizvoll) sei, die Realität herzustellen als sie zu modifizieren. Das beweist ein Überwiegen der Subjektivität selbst auf der Ebene der Sichtweise. Das Wiederherstellen einer Realität geschieht über den Affekt oder die Beurteilung. Der Mensch drückt sich durch seine Version des Wirklichen aus, er bestätigt sich als einzigartiges Wesen, das Bewußtsein hat, das frei ist zu beurteilen, zu mißbilligen, sich zu begeistern, die Realität zu verändern, sie zu glorifizieren oder ihr zu widerstehen. Schon hier ahnen wir die subversive Macht der Kreation, solange diese nicht durch ein System oder eine Ideologie mißbraucht wird (einschließlich der Kreation in Expression corporelle).

Die Arten II und III haben hingegen zu bissigen, grotesken, oder zu bewegenden, plastisch interessanten Realisationen geführt, bei denen die Gruppen und die Individuen sichtlich engagiert waren. Die Sequenzen waren besser strukturiert, hatten mehr Leben. Einzelne hatten sich von der Gruppe gelöst, um ihre eigene transponierte Vision der Dinge zu verdeutlichen (unter anderem eine bemerkenswerte Arbeit zum Thema VOGEL).

Die Schwäche bei den Realisationen zu Art I kann auch auf einen Mangel an Beobachtung zurückzuführen sein. Wir haben mehrfach festgestellt, daß eine Übung durch einen aufmerksamen Kontakt mit der Realität bereichert werden konnte.

IV. — IN RICHTUNG AUSGEARBEITETE KREATION IN RICHTUNG KOLLEKTIVE KREATION

In den vorangegangenen Kapiteln haben wir eine Anzahl von Vorschlägen entwickelt, die vielfältige Lösungen zur Folge hatten. Diese auf Anhieb gefundenen Materialien sind reich, aber noch grob und ungeschliffen; sie stellen zunächst nur einen chaotischen Rohentwurf dar.

Wenn man sich vornähme, diesen (spontanen) Einfällen eine Form zu geben, damit sie zur **Realisation,** zum **Schauspiel** werden, schlösse sich eine langwierige Arbeit an, die sich erstrecken würde auf:

— die Auswertung dieser Einfälle, damit sie einen Sinn ergeben, eine Entwicklung erfahren;

— die formale und dynamische Qualität der Bewegung (Klarheit, Verfeinerung, Stilisierung);

— im Falle einer kollektiven Kreation die Benutzung der Gruppenfunktionen in bezug auf den beabsichtigten Effekt (Chor, Polyphonie, Kontraste, Aufeinanderfolge von Bewegungen, etc. . .);

— Ordnung des Gesamtablaufs im szenischen Raum, rhythmische Organisation (Zeitmaß, Akzent, Crescendo, etc. . .).

An dieser Stelle werden wir einige Probleme der (kurz- oder langfristigen) **Realisation** angehen. Da es wenig interessant wäre, eine bereits fertige Realisation zu beschreiben, beschäftigen wir uns mit dem Übergang von den ersten Momenten der Entwicklung der spontanen Kreation bis zu einer Etappe der Konstruktion.

VARIATIONEN ÜBER EIN WORT ALS THEMA. VERZWEIGUNG DES WORTES.

Auswertung eines Wortes. Das Wort RAUM wird von MATHO einer Gruppe von 5 Personen vorgeschlagen[1].

— Jeder zeigt seine **persönliche Interpretation**. Alle bewegen sich zur gleichen Zeit. Wir sehen simultan:

Ich falle in den Raum.

Ich fliege im Raum.

Prima, da ist Raum.

Mir fehlt es an Raum.

Raum, der sich zusammenzieht, sich ausdehnt.

— In einem bestimmten Moment wird eine Interpretation des Wortes RAUM zur **Dominanten,** wie z.B.: MIR FEHLT ES AN RAUM.

Jeder verläßt seine persönliche Interpretation des Wortes RAUM, um auf seine Weise die **Dominante** zu interpretieren. Wir sehen gleichzeitig die **Variationen der Dominante:**

Ich ersticke.

Ich gehe hin und her in einem winzigen Karree.

Ich kann mich nicht bewegen, als wäre ich gefesselt.

Ich will nach Luft schnappen.

— Jeder nimmt seine **persönliche Interpretation** des Anfangsthemas RAUM wieder auf, bis eine neue **Dominante** sich abzeichnet. So bekommt ICH FLIEGE IM RAUM als **Variationen:**

Euphorie dessen, der der Schwere entrinnt.

Gefühl der Überlegenheit dessen, der schwebt.

Fliegender Vogel.

Ein Mädchen läßt sich im grand jeté von einem Jungen heben.

— Jeder nimmt entweder seine erste Interpretation des

Wortes RAUM wieder auf oder eine od. zwei Variationen einer Dominante, die er selbst oder andere aus der Gruppe gefunden haben.

Diese Form der Kreation durch Verzweigung hat eine Feineinstellung der Resultate zur Folge (s. Tabelle S. 126).

Zusätzlich hat jeder die Möglichkeit, während der Variationen auf eine Dominante ein Thema seiner Wahl zu behandeln, ein Thema, das keinerlei Bezug zur Dominante hat. Als **Einfügung von Themen** war folgendes zu sehen:

- Versuch, gleichzeitig zu sprechen.
- Summen: „Ich trink den Wein..."
- Leute interviewen.
- Zu einer fröhlichen Musik tanzen.
- Ein kleines Lied singen.
- Verliebt sein.
- Versuch, trotz Menschenmassen ein Match oder ein interessantes Ereignis zu beobachten, mit Ausrufen der Überraschung, der Bewunderung...

War auch der Ausgangspunkt immer RAUM, so haben sich bestimmte Dominanten im Zusammenspiel der Gruppe behauptet, eingefügte Themen finden sich wieder. Wenn diese Form der Kollektivimprovisation wiederholt wird, bilden sich Kraftlinien heraus, Gruppen formieren sich. Bestimmte Einfälle werden verwendet, andere verworfen.

Ich fliege im Raum	Euphorie dessen, der der Schwere entrinnt. Überlegenheitsgefühl dessen, der schwebt. Fliegender Vogel. Sich heben lassen im Grand jeté.	
Ich werde in den Raum fallen.	Am Rande des Abgrunds stehen. Sich oberhalb eines Felsens an einen Ast klammern. Auf einem schmalen Steg gehen. Jemand, der sich nicht traut hinunterzuspringen. In seinem Innern Schiffbruch erleiden. Unaufhörlich schmilzen wie Butter in der Sonne.	
Ich gehe in einem winzigen Karré hin und her.	2 mal 2 Meter (freudig gerufen). Alle eilen in den winzigen Raum, wo der Promoter dieses Ausrufes sich hin und herbewegt.	Gekauert in einer kleinen Ecke sitzen mit einem Ausdruck des Wohlbehagens. Pirma, es ist Raum da. Vorsichtig einen Fuß vor den anderen setzen und ununterbrochen ,,Entschuldigung'' sagen. Einen anderen umschlingen und versuchen, sich dabei die Zähne zu putzen.
Prima, es ist Raum da.	Zufriedenheit dessen, der sich ausbreiten kann. Wie ein Genießer tief einatmen. Glück derer, die, eng aneinandergedrängt, TV und dadurch in ferne Räume sehen.	
Mir fehlt es an Raum	Ich ersticke. Ich gehe hin und her in einem winzigen Karré. Ich kann mich nicht bewegen, als wäre ich gefesselt. Ich möchte nach Luft schnappen.	''2 mal 2 Meter''. Alle eilen hin.

DIE MUSIK DES WORTES — DIE STIMME

A) Klang- und Bewegungsvariationen, ausgehend von einem Stammwort. Variationen auf Ausdrücke, Sätze. Das modulierte, rhythmisierte Verb. Die Stimme und ihre Modulationen.

Zahlreich sind die Wörter, deren Klang glücklicherweise mit dem Bedeutungsinhalt übereinstimmt. Die Musikalität eines Wortes berührt uns sinnlich. Und das ist es, was uns häufig eher bei der gesprochenen als bei der gelesenen Poesie gefühlsmäßig anspricht.

Hören wir uns folgende Wörter an:
ÄTZEND
SÄUERLICH
ERSTICKEND
FRISCH
KÖSTLICH
SCHWAMMIG

oder:

UNENDLICHKEIT
SCHATTEN
SPIRALE
GEHEIMNIS. . .

Einige Wörter sind wie ein Streicheln, sind Farbträger, andere führen uns in geheimnisvolle Räume, berühren unsere Haut, unsere Zunge, attackieren uns oder amüsieren uns. . .

1. *Wir schlagen einige Wörter vor, die uns unter dem Blickwinkel des Kriteriums Bedeutung — Klang interessant erscheinen:*

SKROFULÖS	RUMPELKAMMER
PUTERROT	FLÜSTERN
ERUPTION	MUSSELIN
HAHNREI	AUFGEDUNSEN
KROKANT	DEKADENT
KÜGELCHEN	PITHECANTHROPUS
UMZUG	WEIBERHASS
RUHE	. . .

Die Studenten bilden kleine Gruppen à 3 bis 5. Sie wählen ein Wort aus der Liste oder, wenn sie wollen, auch ein anderes. Das Ziel ist, eine Choreographie zu erstellen, indem man aus dem Wort ein Maximum an Einfällen herausholt: es auf x verschiedene Arten aussprechen, es auf x Arten rhythmisieren, es in seine Bestandteile zerlegen, es verzerren, Silben isolieren, musikalisieren. . . Kurz, eine Variationsbreite um das Wort herum ausarbeiten und dabei alle imaginativen Kräfte des Körpers, der Stimme und unterschiedlichster Gruppenstrukturen benutzen.

Resultate:

— Zum Wort UMZUG: Verwendung von Gegenständen, wie hier z.B. von Schuhen, die durch den einen oder anderen der Gruppe in wechselnden Stimmungen transportiert werden (Jubel, Geschwindigkeit, Langeweile, mechanische Handlung, extremer Überdruß, Seufzer. . .). Tonalität des Ganzen: komisch, humoristisch, sogar absurd durch die Konstante der Wiederholung, die beim Akt des Transportierens unterschiedlich moduliert wird. Die vokalen Effekte sind ziemlich mager.

— KÜGELCHEN hat zu einer Realisation im Stil eines Trickfilms geführt, in dem das Körperspiel als Cosmomorphisme und der simultane vokale Klang uns ein Mikro-Universum demonstrieren. Komischer Effekt, der dieses Mal auf die Intonationen und das nicht realistische Jeu Comédien zurückzuführen ist.

— SKROFULÖS: 2-Personenspiel; eine ist praktisch unbeweglich, die andere versucht, indem sie vokale Variationen benutzt, ein Maximum an Kontakt herzustellen. Effekte: dramatisch, humoristisch, absurd, besonders wenn die Bewegung, die das Wort begleitet, **konträr** und nicht **konform** ausgeführt wird.

— KROKANT wird zum kleinen, illusionistischen Ballett; VERBLÜFFEND, DEKADENZ, AUFGEDUNSEN haben erstaunliche Resultate ergeben.

— Außerhalb der Liste wurden z.B. folgende Wörter interpretiert: WEIHRAUCH (mystische Tonalität, Bezugnahme auf Drogen); ,,BULLEN'' (einer der Darsteller war auf dem Wege zum Kursus von der Polizei aufgehalten worden, als er ohne Papiere Mofa fuhr). All das beweist, daß — welches auch das Thema sei — der persönliche Ausdruck niemals eingeschränkt wird, und daß das Thema als Faktor der Kristallisation und des Ansporns den Einstieg in die kreative Aktion erleichtert und in das Aktionsfeld der Imagination Abwechslung bringt und es ausweitet.

Dieses Blühen von Ideen — Aktionen — Klängen um ein Wort herum öffnet durch Modulation, Aufspaltung oder Aufteilung in Silben wie bei Scharaden (z.B. zwei — Fell — Haft für zweifelhaft) der reinen Phantasie und dem Einschlagen von Wegen außerhalb von Realität und Logik die Schleusen und ergibt oft Resultate, die ans Absurde grenzen.

2. *Sprech-Darsteller und Bewegungs-Darsteller.*

Jede Gruppe von Sprech-Darstellern sucht eine verbale Formel, z.B.:
GUMMITIER
PAPPELBLÄTTER
GRÜNE ZITRONE
HARTER STEIN
WEICHES KISSEN

und konzentriert sich einige Minuten, um eine große Variationsbreite an stimmlichen Äußerungen zu finden: Rhythmus, Intensität, Intonation, Stimmungen, Verzerrungen der Wörter. . .

Die Rolle der Sprech-Darsteller ist hier sehr wichtig. Ihre Vorschläge orientieren und stützen die Bewegungs-Darsteller, die ihr Spiel nach dem Sinn des Wortes, den musikalischen, rhythmischen und expressiven Variationen ausrichten. Die Gruppe der Sprech-Darsteller ist im Zustand der **Äußerung,** die der Bewegungs-Darsteller im Zustand der **Aufnahme.**

B) Variationen über Ausdrücke, über Sätze. Das Wort wird gesprochen, wiederholt — prägnant oder ausdruckslos.

1. *Übung:*

Zwei Arbeitsgruppen: eine Darstellergruppe, eine Zuschauergruppe. Einer aus der Zuschauergruppe schlägt einen kurzen Satz nach seiner Wahl vor:
ÜBERALL BLUT
KAUFT NESTLÉ-MILCH
MAKE LOVE NOT WAR
DER VENTILATOR SINGT FALSCH
DIE SPIEGEL LÜGEN...

den er ohne Unterbrechung auf eintönige Weise, leidenschaftslos, wie ein *Leitmotiv,* wiederholt.

Die Darsteller improvisieren während einer ziemlich langen Zeitspanne; das erlaubt ihnen, alle möglichen Interpretationen ,,kommen zu lassen'', allein oder in Verbindung mit anderen.

Während eines unserer Kurse waren wir verblüfft über die Fülle an Material, ein Überborden von assoziativen Ideen, ein immer neues Aufleben der Imagination, die noch vervielfacht zu werden schien durch die Besessenheit der Klangpräsenz.

Wir hatten schon mit der Idee des gesprochen Leitmotivs bei den Vorbereitungen zu LE CRÉPUSCULE DE L'ORCHIDÉE (Die Dämmerung der Orchidee) experimentiert. Zwei Sequenzen des Stückes sind auf diese Weise entstanden: NUIT SANS TÉNÈBRES (Nacht ohne Finsternis) und ILS ONT FUI (Sie sind geflohen).

Dieser Typus der Improvisation ist besonders fruchtbar: nachdem man, vorwiegend alleine, nach verschiedenen Interpretationen gesucht hat, kommt man, wenn die persönlichen Materialien erschöpft sind, ganz natürlich dahin, in das Spiel mit dem Anderen einzutreten, im Unisono oder als Kontrapunkt. Dadurch wird eine neue Situation geschaffen, die die Protagonisten viel weiter führt, als sie es anfangs annehmen konnten.

Man könnte sagen, daß die Kreation eine neue Richtung einschlägt, oder sich weiterentwickelt, sich verändert, oder umfangreicher wird, und zwar aufgrund einer neuen Gegebenheit, die als Stimulans dient und der Aktion neue Perspektiven verleiht, die nicht aufgetreten wären, hätte die Person weiterhin in ihrem ,,geschlossenen Gefäß'' verharrt.

Unter folgenden Gesichtspunkten ist die kollektive Improvisation von Bedeutung: Annäherung, Kommunikation in der Aktion, Wahrnehmung des Anderen während eines flüchtigen Moments, aber vor allem Wiederaufladen, Wiederbeginn, Aktivierung der Imagination im Angesicht eines Partners oder eines Feindes, der existiert, der anders ist als ICH, und der mich dadurch zwingt zu reagieren.

2. *Realisation:* ILS ONT FUI. / SIE SIND GEFLOHEN.

5 Darsteller: 2 Japaner, IKVO und FUJIO, ELIA PERREAU, PINOK und MATHO. Einer von ihnen schlägt vor: SIE SIND GEFLOHEN. Vier Darsteller improvisieren, während der fünfte außerhalb bleibt, um den Text als Leitmotiv zu wiederholen und gleichzeitig zu beobachten was geschieht, gegebenenfalls festzuhalten, was ihm an Relationen interessant erscheint und die Materialien zu sammeln, die wiederbenutzt und später neu organisiert werden sollen.

,,SIE SIND GEFLOHEN" kann **konform** interpretiert werden, d.h. im Einklang mit dem Sinn des Satzes, oder **konträr,** d.h. mit der Wahl einer antithetischen Aktion (z.B. ruhig schlafen, vor sich hinpfeifen, sich schminken, etc. . .).

Eine **konträre** Interpretation, wohlplaziert inmitten **konformer** Interpretationen, wird die vorherrschende Idee ,,Sie sind geflohen" durch ihren Gegensatz verstärken.

Resultate nach mehreren aufeinanderfolgenden Improvisationen:
- auf der Stelle laufen und sich dabei umschauen
- schreiend die Bühne überqueren
- sitzen, zusammengekrümmt und bewegungslos
- laufen und nur mühsam vorwärtskommen
- Zickzack im Raum, dabei Objekte tragen, Reaktion des Mißtrauens, wenn man mit anderen zusammentrifft; jede

Begegnung hat einen Richtungswechsel zur Folge
- ruhig zuschauen wie andere fliehen
- den Umfang eines winzigen Kreises abschreiten ohne damit aufhören zu können
- Gleichgültigkeit des Generaldirektors, der seine Zigarre raucht (konträr)
- 2 schlaffe Betrunkene, die unartikulierte Töne von sich geben (Flucht im psychischen Sinn)
- Opium (indem)
- zärtlicher Walzer (konträr)
- Triumph des Siegers
- 2 Personen schmiegen sich aneinander, um Schutz zu suchen
- Lachen, sich auf die Schenkel schlagen (konträr)
- sich unter Stoffen verstecken
- singen und dabei auf seinem Stuhl schwanken (konträr)
- immer wieder einen Fliehenden einholen
- sein Gesicht in eine schreckliche Maske verwandeln
- sich in den Wahnsinn flüchten.

Als nächstes werden die unterschiedlichen Themen simultan, einer Polyphonie vergleichbar, organisiert, einige werden weggelassen, die Reihenfolge wird festgelegt und einige **konträre** Interpretationen eingefügt. Der repetitive Text wird mit Echoeffekten auf Band aufgenommen.

3. *Realisation:* NUIT SANS TÉNÈBRES / NACHT OHNE FINSTERNIS

Für das Stück NACHT OHNE FINSTERNIS wurde auf die gleiche Weise gearbeitet.

Der während der Arbeitsperioden der Kreation ausdruckslos wiederholte Text wurde in der Realisation des

Stückes weggelassen und durch ein fortlaufendes Windgeräusch ersetzt.

● Eine Person geht aufrecht und wird ständig durch ein Licht attackiert. Mit offenen Augen, blind, geht sie langsam, unerbittlich, vor sich hin.

● Ein Körper, zusammengerollt wie ein Foetus, dessen Gesicht nicht sichtbar wird, bewegt sich kaum wahrnehmbar am Boden.

● Eine Person auf der rechten Vorderbühne läßt langsam ihre Arme nach oben gleiten bis sie vor ihrem Gesicht übereinander liegen, Augen geschlossen (siehe Wolken-Bewegung) und nähert sich unmerklich der linken Kulisse.

● Nachtvogel, die Hände als Maske, in erschreckender Unbeweglichkeit.

● Maskierte Person (andere Maske mit den Händen) tastet sich vorwärts wie ein Blinder.

● Kauernde Person, mit Rücken zum Publikum, versucht zu sehen und zieht den Kopf ein wie geblendet.

● Nachtfalter taumelt hin und her und stößt sich an einer Lichtquelle.

● Die aufrechte Person ändert die Richtung und geht geradeaus ins Leere (Vorderbühne). Sie bleibt stehen, durch eine mysteriöse Ahnung alarmiert. Unbeweglich, sieht sie vor ihrem inneren Auge den Tod der anderen, und während deren Leichen sich real hinter ihr übereinanderstapeln, weicht sie zurück, die Augen treten aus ihren Höhlen heraus, und sie kehrt zurück in ein Nichts aus Licht.

Die verbale Wiederholung schafft — in Abwesenheit jeder Musik — einen Zauberformel-Klangraum, der die Kontinuität und Intensität des Spieles aufrechterhält; dem Darsteller wird nicht durch die Leere der Stille der Atem genommen, er kann länger ,,durchhalten'', kann sich in halber Unbeweglichkeit wieder konzentrieren für einen Neubeginn, in Kontakt mit dem anderen treten, die Aktion über diesen Kontakt, der ihn ,,auflädt" und eine neue Situation anvisieren läßt, wieder in Gang bringen.

VARIATIONEN ÜBER EINEN POETISCHEN TEXT

Kursus für Bühnenschauspieler, 20 Teilnehmer. PINOK, die ihn leitet, schlägt vor, über ein surrealistisches Gedicht von TRISTAN TZARA zu arbeiten.

Fallen im Gras

Schlaf zerschnitten auf harten Lagern
Leichtsinn hartes Lächeln
reifen reifen im Herzen Pfeile
festgehalten in tanzendem Eise

lebhaft zersplittern die reizbaren Sonnen
die Vögel in aller Ruhe
Es ist kalt auf des Königs Gesicht
das die Erinnrung entwurzelt

welch Mühe hast du einzuschlafen
muß man du Ferne von den Lippen
wegheben der Worte Gewicht
wo ist blindes Wort gestorben

wo verstecken sich die Kinder
eines Sommers blinder Tanz
auf dem Munde der Sonne
ohne Echo der Toten Schwere

P. gibt Hinweise zu Arbeitsprinzipien: Es geht nicht um eine Gleichsetzung Wort — Geste wie in einem pantomimisch umgesetzten Lied. Im übrigen läßt der hermetische Text die Entwicklung einer Geschichte nicht zu. Das Gedicht ist ein Vorwand...

> ,,Es scheint, daß ein Gedicht durch seine Überfülle Tiefen in uns wiedererweckt."[2]

Mehrere ,,Behandlungs"-Formeln sind möglich:
— der Text kann während des Lesens eine diffuse poetische Emotion wachrufen, die in eine ,,Choreographie" umgewandelt wird, textgebunden oder -ungebunden
— der Text kann auf eine bestimmte Art gesprochen werden (geflüstert, abgehackt, gesungen) oder verzerrt werden, modifiziert, umgestellt, musikalisiert,...
— einige Schlüsselwörter oder Bilder können herausgenommen werden und eine Entwicklung durch additive Sequenzen ermöglichen.

Da es keine Geschichte, kein Szenario gibt, wird die Realisation einem körperlichen Gedicht entsprechen, Ausdruck der Gruppe sein, die durch bestimmte poetische Bilder sensibilisiert wurde. Jede Gruppe wählt ihren eigenen Einstieg und ihre Arbeitsweise. (Dauer: 2 Arbeitsperioden von 1 Std. 30 Min.)

Es bilden sich drei Gruppen. Die erste Stunde ist unruhig und führt zu keiner konkret durchgeführten Arbeit: die Diskussionen wollen nicht enden, die Teilnehmer haben nicht dasselbe Erfahrungsniveau (einige sind Anfänger im Bewegungsbereich, andere haben sich nur mit Tanz, wieder andere nur mit Mime beschäftigt). Selbst als jede Gruppe ein Arbeitskonzept erstellt hat, spielt sich weiterhin alles auf der Diskussionsebene ab; keine Gruppe wird aktiv. Ende der Stunde: Angst, Unentschlossenheit, Entmutigung. Ein schlecht integrierter, introvertierter Teilnehmer entscheidet sich, alleine zu arbeiten.

Zu Beginn der zweiten Arbeitsperiode gibt P. den Rat, sofort in Aktion zu treten, denn aus der Aktion, also dem ,,Erleben", entsteht eine Emotion (die verloren ging während des Argumentierens), ein Konstruktionsentwurf, ein Konzept; erst dann ist es möglich zu arbeiten.

Von nun an improvisieren die Gruppen, wiederholen, verbessern und halten fest, was sie gefunden haben, kommen zu ihrer szenischen Schreibweise.

Wir halten uns etwas länger bei der Realisation der Gruppe A auf, die Schwierigkeiten hatte, ihr System zu finden, und die in der zweiten Stunde einen japanischen Mimen integrierte, dessen Anwesenheit ein rascheres In-Aktion-Treten mit einem Minimum an Wortwechseln ermöglichte.

Bilanz:

Sequenz I: Die Gruppe als Block. Kollektive Atmung, geschlossene Augen.

Sequenz II: Übereinandergleiten der Körper; währenddessen geht vor der Gruppe eine isolierte Person vorbei, die als Leitmotiv schlagende, schneidende Armgesten wiederholt.

Sequenz III: Rhythmischer Bruch; Auseinanderbersten der Gruppe, die kreischend Richtung Publikum rennt und brutal eine Tür, durch zwei Akteure dargestellt, aufdrückt, wie Kinder, die durch den Schulausgang stürmen.

Sequenz IV: Der japanische Mime erscheint, man sieht nur sein lächelndes Gesicht ganz oben hinter dem Vorhang des Bühnenhintergrunds. Dieser Kopf bewegt sich und behält dabei sein gefrorenes Lächeln. Fast unmerkliche kreisförmige Pendelbewegungen der übrigen Akteure mit starrem Körper, die Füße fixiert.

Sequenz V: Der japanische Mime steigt herunter und geht Richtung Publikum, die anderen Darsteller, die bis dahin ziemlich weit voneinander entfernt waren, drehen sich langsam um, nähern sich unmerklich dem Publikum, kommen nach und nach immer enger zusammen, umschließen allmählich den immer noch lächelnden Japaner, und während sie ihm unerbittlich näherkommen, saugen sie ihn auf und ersticken ihn.

Die Atmosphäre ist nächtlich, traumhaft, ungewöhnlich. Die szenischen Strukturen sind abwechslungsreich, es gibt interessante dramatische Spannungen, die Sequenzen schließen sich gut aneinander an. Die Teilnahme des japanischen Mimen hat sicherlich zur Klarheit des Spiels der Gruppe (kein unnötiges Gestikulieren) und zum Durchhalten der Spannungsmomente beigetragen. — Der Text wird nicht gesprochen, und in der Tat war es nicht notwendig.

Die Gruppe B wählt bestimmte Wörter aus: SCHLAF, LEICHTSINN, PFEILE, ENTWURZELT, KINDER EINES SOMMERS, SONNE. Beispiel: Die Gruppe bildet eine interessante Kette (mit Handfassungen) und führt in Zeitlupe Aktionen des Tragens, Emporhebens, Ziehens aus, ein Fresko, das das Wort ENTWURZELT illustriert. Der Text wird nicht benutzt, statt dessen volkale Begleitung, die je nach Sequenz variiert wird.

Die Gruppe C bleibt dicht zusammen und benutzt für ihr Spiel eine Musikalisierung des Textes (Gesang, Wortrepetitionen); diese Arbeit basiert hauptsächlich auf Klangumsetzungen, die Bewegung spielt eine untergeordnete Rolle.

Ch. hat außerhalb der Unterrichtsstunden am Vorabend alleine gearbeitet: er hat auf seine Weise den Text neu zusammengestellt, indem er Wörter ähnlichen Klangs — dabei herrscht u.a. der Buchstabe S vor — gruppiert hat; er spielt mit der zwanghaften Wiederholung. Sein Monolog, begleitet von intensivem körperlichem Spiel, gesprochen auf nicht realistische Weise, läßt an halluzinatorischen Wahnsinn denken.

Alle Teilnehmer sind erstaunt über die Verschiedenartigkeit der Realisationen und sind sich der Tatsache bewußt, daß das Gedicht nur ein Vorwand war, um eine latente Ausdrucksfähigkeit zu entfalten, ihr eine Stütze zu geben und sie ans Licht zu bringen.

SCHLUSSFOLGERUNG.

Wie wir im Kapitel DAS ABENTEUER DER KREATION gesehen haben, nimmt jede auf lange Sicht geplante kreative Aktion ihren Weg über Tastversuche, arbeitsintensives, oft gewagtes Vorrücken, über langsame Reifung; weicht die Begeisterung, die man in Momenten kreativer Euphorie empfand, dem Infragestellen, ja sogar der Angst.

Diese Angst ist vielleicht auf die Schwierigkeit bei der Gegenüberstellung mit der Materie — hier dem Körper — zurückzuführen, einer Materie, die weniger ätherisch ist als das Denken, und sicher auch auf die Furcht vor dem Versagen, das Empfundene zu materialisieren, zu übersetzen und zu übermitteln.

Daher mobilisiert der kreierende Mensch alles, um die Materie ,,aus dem Lot zu bringen" (DECROUX), sie zu beherrschen, zu modellieren, bis eine Übereinstimmung entsteht zwischen der Idee und dem vollendeten Werk, vorausgesetzt, das Projekt erweist sich als klare Vision auf der Suche nach ihrer Form.

> ,,Man macht keine Poesie mit Ideen, genausowenig Malerei mit einem Motiv oder Musik mit Gefühlen, ob sie nun gut oder schlecht sind. Hingegen operiert der Dichter mit der Sprache, der Musiker mit dem Klang, der Maler mit Linien- und Farbverhältnissen. Wie sublim auch seine Botschaft sei oder der Inhalt vergeistigt, so ist das Werk doch fleischlich, gehört es der wahrnehmbaren Realität an und plaziert sich als solche in Raum und Zeit. Und genau dieses materielle Objekt ist es, das der Künstler gestalten muß, unter bestimmten Konditionen, auf der Basis von bestimmten Gegebenheiten strukturieren muß. Und über dieses Objekt hat er unmittelbare Gewalt."[1]

Das Werk wird aus diesem — harten und heftigen — Dialog mit der Materie geboren, die manchmal Widerstand leistet, die die Idee herabmindert oder sie umformt, sie auf andere Weise sich entwickeln läßt. Die Anstrengungen des Künstlers richten sich auf ein Gleichgewicht zwischen dem Enthusiasmus des kreativen Fiebers und der Kontrolle, der Bremsfunktion des Urteils.

Jedes kreative Feuer muß Reinigungsprozesse durchstehen:

> ,,Was der Mensch tut aus Leidenschaft, Gefühl, Konvulsion, schließlich aus wirklicher Imagination heraus, ist nicht natürlicherweise schön. Ein Schrei ist kein Gesang, frenetisches Zucken ist kein Tanz. . . Das Selbst-Bewußtsein wird ausgelöscht durch jede Art von Konvulsion. . .''[2]

Die körperliche Kunst und die dramatische Kunst sind ebenso diesem Gesetz des Gleichgewichts zwischen Leidenschaft und Urteil unterworfen:

> ,,Der Schauspieler, der nur Verstand und Urteil besitzt, ist kalt. Derjenige, der nur aus Feuer und Empfindsamkeit besteht, ist verrückt. Ein bestimmtes Temperament aus gesundem Menschenverstand und Wärme macht den erhabenen Menschen aus. . .''[3]

und weiter:

> ,,Die Selbstbeherrschung muß den Wahn des Enthusiasmus mäßigen.''[3]

Bewußtsein, gesunder Verstand, Urteil, Selbstbeherrschung: diese Begriffe lenken unsere Aufmerksamkeit auf die zweite Phase der kreativen Aktion. Es ist die wichtigste Phase, nämlich die der Reifung, der Konstruktion, der Reduktion, der vagen Ausrichtung auf die endgültige Form. Idee und Vorhaben allein führen zu nichts. ,,Eine Konzeption ist noch kein Kunstwerk''.[4]

Das **Umsetzen in ein Werk,** das dem Urteil und der Unerbittlichkeit ausgesetzt wird, die Zeit des Schaffens, des Verwerfens, des erneuten Schaffens — das sind die entscheidendsten, aber auch die angsterfülltesten Momente der kreativen Aktion.

Wenn der kreative Künstler sich keine Einschränkungen auferlegt, verliert er sich, weiß er nicht mehr, woran er sich halten soll:

> ,,Wenn mir alles erlaubt ist, das Beste und das Schlechteste, wenn nichts mir Widerstand leistet, bleibt jede Anstrengung unfaßbar, ich habe keine Basis, und fortan ist jede Unternehmung sinnlos".[5]

Wenn der Künstler sich aber einen Rahmen schafft, Grenzen setzt, ein Prinzip des Erforschens erstellt, wird sein Werk Konsistenz annehmen, Kraft und Klarheit.

Darum ist es notwendig, daß der Studierende der Expression Corporelle nicht im euphorischen Stadium der spontanen Kreation verharrt. Das ist lediglich eine — sehr leicht zu öffnende — Tür.

Das fertige, das vollendete Kunstwerk hingegen verlangt eine lange Zeit der Geduld, des Vorwärtstastens, der Anstrengung.

Wird der Student mit dieser Realität konfrontiert, begreift er, daß **sich auszudrücken** mehr ist als **sich auszulassen.**

ANMERKUNGEN

Präambel.

1. ,,Mime" und ,,Pantomime":
   In Frankreich weist der Terminus ,,Pantomime" auf den Mime-Stil des 18. und 19. Jahrhunderts zurück (erklärende Mime, Geste = Wort, weiße Pantomime, weißgepudertes Gesicht, Pierrot, etc.). Heute, und zwar seit Decroux, wird das schon bei Griechen und Römern gebräuchliche Wort ,,Mime" benutzt, da dessen Sinn weniger begrenzt ist. Etienne Decroux hat mit der Tradition der Pantomime gebrochen, indem er eine Mime schuf, die den Akzent auf die Ausdrucksfähigkeit des Gesamtkörpers legte (übertriebene Mimik und Geschwätzigkeit der Hände waren verpönt). Außerdem begründete er eine Grammatik der Mime, die auf Analyse, Dynamik und Geometrie basiert. Dieser Typus Mime versteht sich als vollkommen andersartige Kunst: weniger anekdotisch, symbolischer, tiefsinniger, über das Stadium der Salon-Unterhaltung und der volkstümlichen Farce hinausgehend. Mit Decroux knüpft die Mime wieder an die antike Tragödie, das japanische Nô-Theater, die Über-Marionette an. Für Pinok und Matho ist die Mime vor allem eine theatralische Kunst, die den Körper privilegiert. Durch ein vielseitiges Körpertraining, das an ein Kreativitätstraining gebunden ist, wird der Studierende daran gehindert, sich auf die Tradition oder eine Schul-Technik zu beschränken. Für sie ist jede ausgearbeitete Kreation gleichzeitig die Suche nach einer ,,körperlichen Schrift", wobei sich der Inhalt mit dem Thema deckt. Die Form selber wird also, abhängig von der Intention, in den Prozeß miteinbezogen. Das setzt sowohl einen breiten Fächer an körperlichen Fähigkeiten, als auch das Entdecken neuer Möglichkeiten voraus. Es schließt aber auch eine rigorose Wahl der notwendigen Ausdruckselemente ein und den Willen, Wiederholungen — bedingt durch eine definitive Sklerose — entgegenzuarbeiten. Ihr Forschen im Bereich der Kreationsprozesse führte außerdem und automatisch zur szenischen Schrift (Inhalt der Lehrgänge ,,Darsteller — Bühne").

2. Das Wort ,,Idee" wird hier im weitesten Sinne verstanden und bedeutet z.B. auch: Gedanke, Projekt, aber auch: vage, unausgereifte Intention.

3. Paul Valéry, Variétés V.

4. René Huygues, Vers une psychologie de l'art.

5. TEMP = Théâtre Ecole Mouvement et Pensée / Theaterschule von Pinok et Matho in Paris.

6. P. Parlebas, Artikel: Expression corporelle et éducation physique.

7. Pinok et Matho, Expression corporelle. Mouvement et pensée. Vlg. Vrin, Paris.

8. P. Parlebas, Expression corporelle et éducation physique.

9. ,,Jeu comédien": Terminologie Pinok et Matho: ausführliche Erläuterungen: s. Kap. ,,Erfahrungen. Etappen. Reflexionen" III.A.

10. ,,Evocation / Mime d'évocation": Terminologie Pinok et Matho: s. Kap. ,,Erfahrungen. Etappen. Reflexionen" III.A.

11. ,,Cosmomorphisme": Terminologie Pinok et Matho: s. Kap. ,,Erfahrungen. Etappen. Reflexionen" III.A.

12. ,,Décéléré": Terminologie Decroux: eine Bewegung mit schnellem Ausbruch, die allmählich langsamer wird.

13. ,,Antenne d'escargot": Terminologie Decroux: eine nach außen gerichtete Bewegung des Sich-Näherns im ,,fondu" (s.u.), das abgestoppt wird durch eine Rückzugsreaktion (Retraktion) im ,,décéléré" (s.o.) auf kurzem Raumweg.

14. ,,Fondu": Terminologie Decroux: charakterisiert eine gleichförmig langsame Bewegung, deren Tempo und Energie konstant bleiben. Das ,,fondu" wird als ,,leicht" bezeichnet bei einem Minimum an Energie und als ,,resistent" bei einem Maximum an Energie.

15. ,,Composé dessiné": Terminologie Decroux: bezeichnet eine Summe von mehreren Körpersegmenten, innerhalb derer die Gelenksbeweglichkeit ausgeschaltet ist, und die, unabhängig von den ausgeführten Bewegungen, identisch in ihrer Form bleibt.

16. ,,Serpent": Terminologie Decroux: bezeichnet ein Fortschreiten der Bewegung, das seinen Anfang nimmt am äußersten Punkt eines Körpersegments, dem sog. ,,sommet" = Gipfel. Jedes der nachfolgenden Segmente fügt sich, eines nach dem anderen, in die vom sog. ,,sommet" angeführte Raumzeichnung.

Die Wörter als Stimuli. Die Macht der Wörter.

1. zit. in Bachelard, Poétique de la rêverie.
2. René Char, zit. in J.H. Malineau, L'enfant et la poésie.
3. 4. nach der Grammatik Baguette et Frankard.
5. Bachelard, Poétique de la rêverie.
6. Cocteau, Le secret professionnel.
7. Bachelard, Poétique de L'espace.
8. Karl Philipp Moritz, Anton Reiser.
9. Jean Paul, Lebensbeschreibung.
10. Proust, Auf der Suche nach der verlorenen Zeit.
11. Bachelard, Poétique de la rêverie.
12. Bachelard, Poétique de l'espace.
13. Proust, Die wiedergefundene Zeit.
14. Pierre Jean Jouve.

Erfahrungen. Etappen. Reflexionen.

I. Wörter, die Übereinstimmung herstellen. . .

1. Albert Giraud, La guirlande des Dieux.
2. Maeterlinck, Serres chaudes.
3. Renée Vivien, Evocations.
4. Gérard de Nerval, El Desdichado.
5. Mallarmé, Apparition.
6. 7. 8. Bachelard, L'air et les songes.
9. Bachelard, L'eau et les rêves.

II. Substanz des Wortes...

1. Brunot et Bruneau, Grammaire historique.

2. ,,Toc": Terminologie Decroux: bezeichnet eine schnelle Bewegung von kurzer Dauer, die in einem erstarrten Stop endet; sie wird als ,,starker toc" bezeichnet bei maximalem und als ,,leichter toc" bei schwachem Energieeinsatz.

3. 4. Bachelard, Poétique de l'espace.

5. ,,Point fixe": Terminologie Decroux: 1. ,,point fixe": von x Segmenten in Bewegung bleibt ein einziges Segment am selben geometrischen Ort, wie auch immer die Raumänderungen aussehen. 2. ,,point fixe déplacé" oder ,,relatif": von x Segmenten in Bewegung behalten einige (mindestens 2) untereinander denselben Formbezug wie vor der räumlichen Änderung.

III. Zur Entdeckung der Stile...

1. 2. Siehe Pinok et Matho, Expression corporelle, mouvement et pensée, Vlg. Vrin, Paris.

3. 4. Crépuscule de l'orchidée, von Pinok et Matho.

IV. In Richtung ausgearbeitete Kreation...

1. Auszug aus ,,Chiens en laisse", Schauspiel mit 20 Studenten, realisiert von Matho.

2. Bachelard, Poétique de l'espace.

Schlußfolgerung.

1. Boris de Schoelzer.

2. Diderot, Paradoxes sur le comédien.

3. Diderot, Lettre à M. elle Jodin.

4. Alain, Système des beaux arts.

5. Strawinskij, Poétique musicale.